W0201829

DR. OETKER

PARTY SCHNITTCHEN

SCHWARZBROTTALER, KÄSE-CROSTINI, AVOCADOBROTE, FISCHERSCHNITTCHEN ...

Dr. Oetker Verlag

Vorwort

Anlässe zum Feiern gibt es viele, aber immer wieder taucht die Frage auf – was serviere ich meinen Gästen? Laden Sie Ihre Freunde und Bekannten doch einmal zu einer Schnittchen-Party ein.

Liebevoll belegt oder abwechslungsreich bestrichen sind die kleinen Schnittchen ideal gegen den ersten Hunger Ihrer Gäste und eine willkommene Begleitung zu Bier und Wein. Außerdem eignen sie sich so richtig zum Sattessen, wenn Sie Ihre Gäste einen ganzen Abend lang bewirten möchten.

Appetitlich angerichtete Schnittchen auf der Grundlage von Vollkorn-, Misch- oder Toastbrot, Ciabatta, Baguette, Knäcke oder Kräckern sind eine gut vorzubereitende und preiswerte Alternative zum aufwändigen Büffet. Phantasievolle, variantenreiche Auflagen machen es Ihnen leicht, jeden Geschmack zu treffen.

Abkürzungen

EL	= Esslöffel
TL	= Teelöffel
Msp.	= Messerspitze
Pck.	= Packung/Päckchen
g	= Gramm
kg	= Kilogramm
ml	= Milliliter
l	= Liter
Min.	= Minuten
Std.	= Stunden
evtl.	= eventuell
geh.	= gehäuft
gestr.	= gestrichen
TK	= Tiefkühlprodukt
°C	= Grad Celsius
Ø	= Durchmesser
E	= Eiweiß
F	= Fett
Kh	= Kohlenhydrate
kcal	= Kilokalorien
kJ	= Kilojoule

Hinweise zu den Rezepten

Die Rezepte sind – wenn nicht anders angegeben – für 8–10 Stück berechnet. Je nach Anlass der Bewirtung, dem Appetit Ihrer Gäste und der Größe und Vielfalt der Schnittchen empfehlen wir Ihnen als Anhaltspunkt 4–5 Schnittchen pro Person vorzubereiten. Lesen Sie bitte vor der Zubereitung das Rezept einmal vollständig durch. Oft werden Arbeitsabläufe oder -zusammenhänge dann klarer. Bitte beachten Sie bei der Einstellung des Backofens die Gebrauchsanweisung des Herstellers.

Zubereitungszeiten

Die Zubereitungszeit beinhaltet nur die Zeit für die eigentliche Zubereitung, Gar- und Backzeiten sind gesondert ausgewiesen. Längere Wartezeiten wie z. B. Kühl- und Auftauzeiten sind nicht einbezogen.

Schnittchen mit Fleisch & Wurst

Wurstschnittchen

(10 Stück)
Zubereitungszeit: 25 Min.

Pro Stück:
E: 6 g, F: 8 g, Kh: 8 g,
kJ: 541, kcal: 129

- **40 g weiche Butter**
- **1 EL mittelscharfer Senf**
- **10 Scheiben Stangenweißbrot**
- **1 hart gekochtes Ei**
- **2–3 Kopfsalatblätter**
- **10 große dünne Salamischeiben**
- **5 eingelegte Maiskölbchen**
- **10 dünne Scheiben Kasseleraufschnitt**

1 Butter mit dem Senf verrühren und die Brotscheiben damit bestreichen. Ei pellen, längs halbieren und in 5 Spalten schneiden.

2 Salatblätter waschen, trockentupfen und in 10 kleinere Stücke zupfen. Je ein Salatstück auf eine bestrichene Brotscheibe legen.

3 Salamischeiben zur Hälfte einschneiden und zu Tütchen aufrollen, je 2 Tütchen halb ineinander stecken und auf eine Brotscheibe legen. In die Öffnung je eine Eierspalte legen. Salamischnittchen auf einer Platte anrichten.

4 Maiskölbchen abtropfen lassen. Kasselerscheiben zu Vierteln zusammenlegen und jeweils 2 Stück auf die restlichen bestrichenen Brotscheiben legen. Maiskölbchen längs etwas einschneiden, die Kasselerschnittchen damit garnieren und mit auf die Platte legen.

Toastschnittchen mit Geflügelaspik

(10 Stück – Foto)
Zubereitungszeit: 20 Min.

Pro Stück:
E: 8 g, F: 7 g, Kh: 20 g,
kJ: 730, kcal: 174

- **30 g Rucola (Rauke)**
- **60 g weiche Butter**
- **10 Scheiben Toastbrot**
- **20 Scheiben Geflügelaspik**
- **1 roter Apfel**
- **Saft von 1/2 Zitrone**

1 Rucola verlesen, dicke Stängel abschneiden, Rucola waschen und trockenschleudern. 10 Rucolablätter zum Garnieren beiseite legen. Restliche Rucolablätter fein schneiden und mit der Butter verrühren.

2 Toastscheiben goldbraun toasten, etwas abkühlen lassen und mit der Rucolabutter bestreichen. Jede bestrichene Toastbrotscheibe mit 2 Scheiben zur Hälfte zusammengelegtem Geflügelaufschnitt belegen.

3 Apfel waschen, abtrocknen und vierteln. Das Kerngehäuse entfernen und die Apfelviertel in dünne Spalten schneiden. Die Apfelspalten mit Zitronensaft beträufeln, damit sie nicht braun werden.

4 Toastschnittchen mit Apfelspalten und den beiseite gelegten Rucolablättern garnieren.

Spargel-Putenbrust-Schnittchen

(Titelfoto)
Zubereitungszeit: 20 Min.

Pro Stück:
E: 4 g, F: 4 g, Kh: 9 g,
kJ: 362, kcal: 86

- **5 Scheiben Toastbrot**
- **1 EL Olivenöl**
- **5 grüne blanchierte Spargelstangen**
- **5 große Scheiben Putenbrustaufschnitt**
- **4–5 Radieschen**
- **1–2 EL Doppelrahm-Frischkäse**
- **einige Oreganoblättchen**

1 Toastbrotscheiben entrinden und diagonal halbieren. Öl in einer Pfanne erhitzen und die Toastdreiecke darin von beiden Seiten knusprig braten, etwas abkühlen lassen.

2 Für die Putenschnittchen Spargelstangen längs halbieren und Stangen in etwa 7 cm lange Stücke schneiden. Radieschen putzen, waschen, abtropfen lassen, halbieren und in kleine Stifte schneiden. Putenbrustscheiben halbieren.

3 Auf 10 Toastdreiecke je 2–3 Spargelstücke legen. Putenbrustscheiben zusammenklappen, darauf legen und einen kleinen Tupfer Frischkäse darauf geben. Einige Radieschenstifte an den Frischkäsetupfer legen und mit einem Oreganoblatt garnieren.

EINFACH

Tatar-Schnittchen

(20 Stück)
Zubereitungszeit: 20 Min.

Pro Stück:
E: 4 g, F: 3 g, Kh: 4 g,
kJ: 244, kcal: 58

- **3 Schalotten**
- **2 Cornichons**
- **1 Eigelb (Größe M)**
- **250 g Tatar**
- **Salz**
- **frisch gemahlener Pfeffer**
- **Paprikapulver edelsüß**
- **1 EL abgetropfte Kapern**
- **1 TL scharfer Senf**
- **einige Friséesalatblätter**
- **20 Pumpernickeltaler**
- **50 g weiche Butter**
- **3 Cocktailtomaten**

1 Schalotten abziehen und zusammen mit Cornichons in kleine Würfel schneiden. Cornichonwürfel, Eigelb und die Hälfte der Schalottenwürfel mit dem Tatar vermengen. Mit Salz, Pfeffer und Paprikapulver abschmecken. Kapern und Senf unter das Tatar rühren.

2 Friséesalatblätter abspülen, trockentupfen und in kleine Stücke zupfen. Pumpernickeltaler mit Butter bestreichen, Salatblätter darauf legen und darauf die Tatarmischung geben.

3 Cocktailtomaten waschen, abtrocknen und vierteln. Tatarschnittchen mit Tomatenvierteln und restlichen Schalottenwürfeln garnieren. Tatar-Schnittchen immer gut gekühlt servieren.

Abwandlung:

Aus 400 g Thüringer Mett etwa 20 kleine Bällchen formen, in 3 Esslöffeln Speiseöl rundherum anbraten, dann abkühlen lassen. Von einer Salatgurke 20 dickere Scheiben abschneiden, das Gurkeninnere etwas aushöhlen. 200 g zerbröselten Schafkäse mit gut 1 Esslöffel Ajvar (fertig gekauftes Paprikamus) verrühren, mit etwas Pfeffer abschmecken und in die Mitte der Gurken geben. Je ein Fleischbällchen auf die Gurkenscheibe setzen und mit einem Holzspießchen feststecken.

Tipp:

Eigelb nur von einem frischen Ei verwenden, das nicht älter als 5 Tage ist (Legedatum beachten!). Tatar noch am gleichen Tag verwenden. Nach Belieben die angerichteten Schnittchen noch mit einigen Dillstängeln garnieren.

Ciabatta-Ecken mit Parmaschinken oder Mortadella

Zubereitungszeit: 50 Min., ohne Durchziehzeit

Insgesamt Ciabatta-Ecken mit Parmaschinken:
E: 93 g, F: 47 g, Kh: 170 g, kJ: 6163, kcal: 1460

Insgesamt Ciabatta-Ecken mit Mortadella:
E: 105 g, F: 156 g, Kh: 170 g, kJ: 10590, kcal: 2518

- **2 Ciabatta-Brote (zum Aufbacken, je etwa 300 g)**

Für die Ciabatta-Ecken mit Parmaschinken:

- **125 g Rucola (Rauke)**
- **1 rote Zwiebel**
- **2 EL Kräuteressig**
- **3 EL Olivenöl**
- **2 EL Orangensaft**
- **Salz**
- **frisch gemahlener Pfeffer**
- **etwa 24 Scheiben Parmaschinken**
- **einige dünne Melonenscheiben (z. B. Honigmelone)**

Für die Ciabatta-Ecken mit Mortadella:

- **3 Tomaten**
- **3 Frühlingszwiebeln**
- **10 entsteinte Oliven**
- **50 g geriebener Parmesan-Käse**
- **200 g Ricotta-Käse**
- **Salz**
- **frisch gemahlener Pfeffer**
- **gerebelter Thymian**
- **12 große Scheiben Mortadella**
- **getrocknete Thymianzweige**

1 Ciabatta-Brote nach Packungsanleitung aufbacken, etwas abkühlen lassen. Brote waagerecht halbieren, dann in Dreiecke schneiden.

2 Für die Ciabatta-Ecken mit Parmaschinken Rucola waschen, trockentupfen und in große Stücke schneiden. Zwiebel abziehen und in feine Würfel schneiden. Zwiebelwürfel mit Essig, Olivenöl und Orangensaft verrühren. Mit Salz und Pfeffer würzen. Rucola unterheben und etwas durchziehen lassen.

3 Die Hälfte der Ciabatta-Ecken mit etwas Rucola-Zwiebel-Mischung belegen, je 2 Scheiben Parmaschinken und eine dünne Melonenscheibe darauf legen, mit Pfeffer bestreuen. Auf einer Platte anrichten.

4 Für die Ciabatta-Ecken mit Mortadella Tomaten waschen, abtropfen lassen, kreuzweise einschneiden, kurz in kochendes Wasser legen und dann mit kaltem Wasser abschrecken. Tomaten enthäuten und die Stängelansätze herausschneiden. Tomaten in kleine Würfel schneiden.

5 Frühlingszwiebeln putzen, waschen, abtropfen lassen und in Ringe schneiden. Oliven in kleine Stücke schneiden. Tomatenwürfel, Zwiebelringe, Olivenstücke und Parmesan-Käse mit Ricotta verrühren, mit Salz, Pfeffer und Thymian würzen.

6 Die restlichen Ciabatta-Ecken mit der Creme bestreichen. Je 2 Scheiben Mortadella darauf legen. Auf einer Platte anrichten und mit Thymianzweigen garnieren.

Putenbrust-Baguette-Schnittchen

(10 Stück)
Zubereitungszeit: 20 Min.

Pro Stück:
E: 4 g, F: 4 g, Kh: 12 g,
kJ: 419, kcal: 100

- **1 Baguette (etwa 350 g)**
- **etwas Remoulade (aus der Tube)**
- **10 kleine Salatblätter, z. B. Lollo Bionda**
- **5 Physalis**
- **1 Kiwi**
- **10 Scheiben Putenbrustaufschnitt**

1 Baguette in 10 etwa 1 cm dicke Scheiben schneiden und dünn mit Remoulade bestreichen.

2 Salatblätter waschen und trockentupfen. Je ein Salatblatt auf eine bestrichene Baguettescheibe legen.

3 Physalis aus der Hülle zupfen, abwaschen, trockentupfen und halbieren. Kiwi schälen, längs halbieren und in Scheiben schneiden.

4 Putenbrustscheiben zuerst zur Hälfte und dann zu Vierteln zusammenlegen und die Schnittchen damit belegen. Jedes Schnittchen jeweils mit einer Kiwischeibe und einer Physalishälfte garnieren.

Tipp:
Belegen Sie die Schnittchen statt mit Putenbrustaufschnitt mit gebratenem Putenbrustfilet.
Dazu brauchen Sie: etwa 400 g Putenbrustfilet, Salz und Pfeffer und 3 Esslöffel Speiseöl zum Braten. Spülen Sie das Filet unter fließendem kalten Wasser ab, tupfen Sie es trocken und würzen es mit Salz und Pfeffer. Erhitzen Sie das Öl in einer Pfanne und braten Sie das Putenbrustfilet darin von allen Seiten etwa 15 Minuten. Nehmen Sie das Putenbrustfilet aus der Pfanne und lassen Sie es erkalten. Schneiden Sie es anschließend in 20 Scheiben und belegen Sie die Schnittchen damit.

Kochmettwurstschnittchen

(12 Stück – Foto rechts)
Zubereitungszeit: 15 Min.

Pro Stück:
E: 8 g, F: 17 g, Kh: 13 g,
kJ: 989, kcal: 237

- **6 Scheiben Doppelbackbrot oder Mischbrot**
- **200 g Remoulade**
- **400 g Kochmettwurst-aufschnitt**
- **½ Salatgurke**

1 Brotscheiben halbieren und mit der Remoulade bestreichen. Je 2 Aufschnittscheiben zur Hälfte zusammenlegen und darauf legen.

2 Gurke waschen, abtrocknen, in dünne Scheiben schneiden und evtl. halbieren. Die Schnittchen mit den Gurkenscheiben garniert servieren.

Tipp:
Gekochtes Mett bekommen Sie auch in Dosen oder Gläsern, außerdem als Aufschnitt auch unter der Bezeichnung Heidefrühstück.

Leberwurst-Radieschen-Flirt

(8 Stück – Foto links)
Zubereitungszeit: 20 Min.

Pro Portion:
E: 6 g, F: 7 g, Kh: 24 g,
kJ: 793, kcal: 190

- **150 g feine Kalbsleber-wurst**
- **2 EL Kräuter-Crème-fraîche**
- **4–5 Tropfen Zitronensaft**
- **1 Prise Zucker**
- **Salz**
- **1 Msp. gemahlener weißer Pfeffer**
- **6–8 Radieschen**
- **2 kleine Gewürzgurken**
- **1 Bund Schnittlauch**
- **8 Scheiben Grau- oder Mehrkornbrot**

1 Leberwurst mit Crème fraîche, Zitronensaft, Zucker, Salz und Pfeffer glatt rühren.

2 Radieschen putzen, waschen, abtropfen lassen und zusammen mit den Gewürzgurken in sehr kleine Würfel schneiden. Schnittlauch abspülen, trockentupfen und in kleine Röllchen schneiden. Radieschen- und Gurkenwürfel mit 2 Esslöffeln Schnittlauchröllchen unter die Leberwurstcreme rühren.

3 Die Leberwurstcreme auf die Brotscheiben streichen und nach Belieben mit den restlichen Schnittlauchröllchen bestreuen.

Mini-Burger „Madras"

(10 Stück)
Zubereitungszeit: 30 Min.

Pro Stück:
E: 16 g, F: 21 g, Kh: 46 g, kJ: 1829, kcal: 437

- **500 g Gehacktes (halb Rind-, halb Schweinefleisch)**
- **1 Ei (Größe M)**
- **Salz**
- **frisch gemahlener Pfeffer**
- **10 kleine Scheiben Ananas (aus der Dose)**
- **2 EL Speiseöl, z. B. Olivenöl**

Für die Sauce:

- **1 kleine Zwiebel**
- **1 kleine Banane**
- **2 EL Speiseöl, z. B. Olivenöl**
- **1 TL Currypulver**
- **200 ml Schlagsahne**
- **etwa 100 ml Ananassaft (aus der Dose)**

- **10 kleine Hamburger Brötchen**

1 Gehacktes in eine Schüssel geben und mit dem Ei vermengen, mit Salz und Pfeffer würzen. Aus der Masse mit feuchten Händen 10 kleine flache Burger formen. Ananasscheiben in einem Sieb abtropfen lassen, dabei den Saft auffangen.

2 Öl in einer Pfanne erhitzen und die Burger darin von beiden Seiten 8–10 Minuten braten. Burger herausnehmen und warm stellen. In dem verbliebenen Bratenfett die Ananasscheiben kurz von beiden Seiten anbraten und ebenfalls warm stellen.

3 Für die Sauce Zwiebel abziehen und in feine Würfel schneiden. Banane schälen und ebenfalls in kleine Würfel schneiden. Öl in einer Pfanne erhitzen und die Zwiebel- und Bananenwürfel darin andünsten und mit Curry bestäuben. Sahne und Ananassaft hinzufügen und etwa 10 Minuten unter gelegentlichem Rühren etwas einkochen lassen.

4 Hamburger Brötchen halbieren und im vorgeheizten Backofen bei 100 °C (Heißluft: etwa 80 °C, Gas: etwa Stufe 2) 6–8 Minuten erwärmen.

5 Zuerst je einen Burger auf eine untere Brötchenhälfte legen, darauf eine Ananasscheibe und dann etwas Currysauce darauf geben und mit der oberen Brötchenhälfte bedecken. Restliche Currysauce extra dazureichen.

Panecillos mit Mailänder Salami

(10 Stück – Foto)
Zubereitungszeit: 15 Min.

Pro Stück:
E: 6 g, F: 11 g, Kh: 11 g,
kJ: 692, kcal: 166

- **150 g Joghurt-Salat-Creme**
- **150 g Naturjoghurt**
- **10 Panecillos (geröstete Knoblauchbrötchen, gibt es fertig in Tüten verpackt zu kaufen)**
- **10 Radicchioblätter**
- **200 g Mailänder Salamischeiben (20 längliche Scheiben)**
- **etwa 100 g Senfgurken**

1 Joghurt-Salat-Creme mit Joghurt verrühren und auf den Panecillos verstreichen. Radicchioblätter waschen, trockentupfen und auf die bestrichenen Panecillos legen. Je 2 Salamischeiben locker aufrollen und auf die Panecillos geben.

2 Senfgurken etwas abtropfen lassen, in längliche Streifen schneiden und als Garnitur in die aufgerollten Salamischeiben legen.

Doppeldeckerschnittchen

(Salami-Schinken-Schnittchen vom Titelfoto – 10 Stück)
Zubereitungszeit: 30 Min.

Pro Stück :
E: 6 g, F: 4 g, Kh: 20 g,
kJ: 607, kcal: 145

- **10 Scheiben Pumpernickelbrot**
- **1 kleine Salatgurke**
- **etwa 100 g Paprika-Brotaufstrich (aus dem Kühlregal)**
- **10 Scheiben Lachsschinken oder Rauchfleisch**
- **10 Scheiben Salami**
- **1 EL gewürfelte rote Paprikaschote**

1 Pumpernickelscheiben halbieren. Gurke waschen, abtrocknen und die Enden abschneiden. Gurke in dünne Scheiben schneiden. Etwa zwei Drittel von dem Brotaufstrich auf 10 Pumpernickelschnittchen streichen, jeweils 2–3 Gurkenscheiben darauf legen und mit den restlichen 10 Pumpernickelschnittchen bedecken.

2 Je eine Scheibe Lachsschinken oder Rauchfleisch und Salami dekorativ darauf setzen. Restlichen Brotaufstrich in Tupfen auf die Schnittchen setzen und mit den Paprikawürfeln garnieren.

Crostini mit Gemüse

(10–12 Stück – Foto links)
Zubereitungszeit: 30 Min.

Pro Stück:
E: 2 g, F: 7 g, Kh: 11 g,
kJ: 482, kcal: 115

- **1 kleine Aubergine (etwa 200 g)**
- **1 kleine Zucchini (etwa 200 g)**
- **1 Zwiebel**
- **2 Knoblauchzehen**
- **4–5 EL Olivenöl**
- **2 Flaschentomaten**
- **1 Rosmarinzweig**
- **einige Thymianstängel**
- **Salz, Pfeffer**
- **3 EL Olivenöl**
- **10–12 Baguettescheiben**

1 Aubergine und Zucchini waschen, abtrocknen und die Enden abschneiden. Zucchini und Aubergine in etwa 1 cm große Würfel schneiden.

2 Zwiebel und Knoblauch abziehen und fein würfeln. Olivenöl in einer Pfanne erhitzen und die Zwiebel- und Knoblauchwürfel darin andünsten. Gemüsewürfel hinzufügen, kurz anbraten und unter gelegentlichem Rühren etwa 5 Minuten, bei mittlerer Hitze, garen.

3 Tomaten waschen, abtropfen lassen und kreuzweise einschneiden. Tomaten kurz in kochendes Wasser legen und anschließend mit kaltem Wasser übergießen. Tomaten enthäuten, halbieren und die Stängelansätze entfernen. Tomaten in kleine Würfel schneiden und unter das Gemüse heben.

4 Rosmarin und Thymian abspülen und trockentupfen. Nadeln und Blättchen von den Stängeln zupfen und fein hacken. Gemüse mit Kräutern, Salz und Pfeffer würzen.

5 Olivenöl in einer großen Pfanne erhitzen und die Baguettescheiben, evtl. portionsweise, darin von beiden Seiten knusprig braten. Baguettescheiben mit der Gemüsemischung belegen, diese mit einer Gabel etwas andrücken.

Crostini mit Schinken

(10 Stück – Foto rechts)
Zubereitungszeit: 30 Min.

Pro Stück:
E: 8 g, F: 10 g, Kh: 12 g,
kJ: 718, kcal: 171

- **6 EL Olivenöl**
- **10 Baguettescheiben**
- **200 g geröstete rote Paprikaschoten (aus dem Glas)**
- **125 g Mozzarella-Käse**
- **100 g Sahnequark**
- **10 Scheiben luftgetrockneter Knochenschinken**
- **frisch gemahlener schwarzer Pfeffer**
- **2–3 Basilikumstängel**

1 Olivenöl in einer großen Pfanne erhitzen und die Baguettescheiben, evtl. portionsweise, darin von beiden Seiten knusprig braten.

2 Paprika in einem Sieb etwas abtropfen lassen und in etwa 2 cm breite Streifen schneiden. Mozzarella ebenfalls etwas abtropfen lassen und in 10 Scheiben schneiden.

(Fortsetzung Seite 24)

3 Crostini mit dem Quark bestreichen. Schinkenscheiben von der schmalen Seite her aufrollen und je ein Röllchen mit einer Mozzarellascheibe auf ein Crostini legen. Paprikastreifen quer darüber legen.

4 Basilikum abspülen und die Blättchen von den Stängeln zupfen. Crostini mit Pfeffer bestreut und den Basilikumblättchen garniert servieren.

Tipp:
Für eine vegetarische Variante den Knochenschinken durch eine zweite Mozzarellascheibe ersetzen.

Roastbeef auf Knäckebrot

(10 Stück – Foto)
Zubereitungszeit:
etwa 35 Min.

Pro Stück:
E: 15 g, F: 4 g, Kh: 9 g,
kJ: 559 kcal: 134

- **500 g grüner Spargel**
- **250 ml (1/4 l) Wasser**
- **1 gestr. TL Salz**
- **1/2 TL Zucker**
- **1 TL Butter**
- **10 Kopfsalatblätter**
- **10 Scheiben Roggen-Knäckebrot**
- **etwas Remoulade aus der Tube**
- **20 Scheiben Roastbeefaufschnitt**
- **Salz**
- **frisch gemahlener Pfeffer**

1 Vom Spargel das untere Drittel schälen, die unteren Enden abschneiden. Spargel waschen und abtropfen lassen. Wasser mit Salz, Zucker und Butter in einem großen Topf zum Kochen bringen, Spargel hinzugeben, zum Kochen bringen und zugedeckt 8 Minuten garen.

2 Spargel in ein Sieb geben, kurz mit kaltem Wasser überspülen, abtropfen und erkalten lassen. Spargelstangen halbieren.

3 Salatblätter waschen und trockentupfen. Auf jede Knäckebrotscheibe ovalförmig etwas von der Remoulade spritzen, jeweils ein Salatblatt darauf legen.

4 Jeweils 2 Scheiben Roastbeefaufschnitt längs überlappend aufeinander legen und mit Salz bestreuen. Je etwa 3 Spargelstücke darauf legen und einrollen. Roastbeefröllchen auf die Knäckebrotscheiben legen.

5 Auf die Roastbeefröllchen je 2 Tupfer Remoulade setzen und die Knäckebrote mit Pfeffer bestreut servieren.

Chicken-Schnittchen

(10 Stück – Foto)
Zubereitungszeit: 20 Min., ohne Abkühlzeit

Pro Stück:
E: 13 g, F: 10 g, Kh: 19 g, kJ: 930, kcal: 222

- **400 g Hähnchenbrustfilet**
- **Salz**
- **frisch gemahlener Pfeffer**
- **2 EL Speiseöl**
- **10 Scheiben Weißbrot**
- **4 EL Mayonnaise**
- **1 TL Currypulver**
- **Salz**
- **1–2 EL Zitronensaft**
- **2 Zweige glatte Petersilie**

1 Hähnchenbrustfilet unter fließendem kalten Wasser abspülen, trockentupfen und mit Salz und Pfeffer bestreuen. Öl in einer Pfanne erhitzen und die Hähnchenbrustfilets von beiden Seiten darin 10–15 Minuten goldbraun braten. Filets abkühlen lassen und in 20 dickere Scheiben schneiden.

2 Brotscheiben toasten. Mayonnaise mit Curry, Salz und Zitronensaft verrühren. Die Brotscheiben mit der Mayonnaisemischung bestreichen und mit je 2 Hähnchenbrustfiletscheiben belegen.

3 Petersilie abspülen und trockentupfen. Die Blättchen von den Stängeln zupfen. Chicken-Schnittchen mit den Petersilienblättchen garniert servieren.

Smörebröd mit Bratenaufschnitt

(8 Stück)
Zubereitungszeit: 45 Min., ohne Marinierzeit

Pro Stück:
E: 13 g, F: 16 g, Kh: 18 g, kJ: 1133, kcal: 270

- **200 g blanchierte Rotkohlstreifen**
- **Salz**
- **frisch gemahlener Pfeffer**
- **2 EL Essig**
- **2 EL Speiseöl, z. B. Rapsöl**
- **8 runde Knäckebrotscheiben (Smörebröd)**
- **50 g weiche Butter**
- **16 Scheiben Schweinebratenaufschnitt**
- **grober Pfeffer**
- **8 Pfirsichhälften (aus der Dose)**

1 Rotkohlstreifen mit Salz, Pfeffer, Essig und Öl würzen und etwa 30 Minuten marinieren.

2 Knäckebrotscheiben mit Butter bestreichen, mit je 2 Scheiben Schweinebraten belegen und mit grobem Pfeffer bestreuen.

3 Pfirsichhälften abtropfen lassen und in Fächer schneiden. Den marinierten Rotkohlsalat auf den Aufschnitt legen und mit den Pfirsichfächern garnieren.

Kleine Hackfleischbällchen auf Pumpernickel

(8 Stück)
Zubereitungszeit: 25 Min., ohne Abkühlzeit

Pro Stück:
E: 14 g, F: 16 g, Kh: 21 g, kJ: 1192, kcal: 285

- **2 kleine Zwiebeln**
- **400 g Rindergehacktes**
- **2 Eigelb (Größe M)**
- **1 TL Paprikapulver edelsüß**
- **2 EL Tomatenketchup**
- **2 EL gehackte Petersilie**
- **Salz**
- **frisch gemahlener Pfeffer**
- **40 g Butterschmalz zum Braten**
- **8 Pumpernickeltaler**
- **40 g Butter zum Bestreichen**
- **einige vorbereitete Feldsalat- und Friseèsalatblätter**
- **1–2 Gewürzgurken**

Außerdem:

- **8 Holzspießchen**

1 Zwiebeln abziehen und in Würfel schneiden. Gehacktes mit Eigelb, Zwiebelwürfeln, Paprikapulver, Tomatenketchup und Petersilie vermengen, mit Salz und Pfeffer abschmecken. Mit angefeuchteten Händen aus der Masse 8 Bällchen formen.

2 Butterschmalz in einer Pfanne zerlassen und die Bällchen darin von allen Seiten anbraten und in 8–10 Minuten fertig braten. Bällchen aus der Pfanne nehmen und etwas abkühlen lassen.

3 Pumpernickeltaler mit Butter bestreichen, ein paar Salatblätter darauf legen und die Hackfleischbällchen darauf setzen. Gewürzgurken in dicke Scheiben schneiden und mit kleinen Holzspießchen feststecken.

Tipp:
Hackfleischbällchen können auch aus Geflügel- oder Lammfleisch zubereitet werden.

Dreiecksschnittchen mit Ajvar-Frischkäse und Salami

Zubereitungszeit: 30 Min.

Insgesamt:
E: 76 g, F: 89 g, Kh: 167 g, kJ: 7435, kcal: 1765

- **1 Ciabatta-Brot (zum Aufbacken, etwa 300 g)**

- **100 g Doppelrahm-Frischkäse**
- **2 EL Ajvar (jugoslawische Paprikapaste)**
- **2 EL geriebener Parmesan-Käse**
- **Salz, Pfeffer**
- **gerebelter Thymian**
- **80 g getrocknete, in Öl eingelegte Tomaten**
- **etwa 24 Scheiben italienische Salami**
- **einige Basilikumstängel**
- **einige entsteinte grüne Oliven**

1 Ciabatta-Brot nach Packungsanleitung aufbacken, etwas abkühlen lassen. Brot waagerecht halbieren, dann in Dreiecke schneiden.

2 Frischkäse mit Ajvar und Käse verrühren, mit Salz, Pfeffer und Thymian würzen. Eingelegte Tomaten in einem Sieb abtropfen lassen und in kleine Würfel schneiden.

3 Die Ciabatta-Dreiecke mit der Käsecreme bestreichen, Tomatenwürfel darauf verteilen, mit je 2 Scheiben Salami belegen.

4 Basilikum abspülen und trockentupfen. Oliven in Scheiben schneiden. Die belegten Ciabatta-Dreiecke auf einer Platte anrichten, mit Olivenscheiben und Basilikumstängeln garnieren.

Ciabatta-Schnittchen mit Mozzarella und Tomaten

Zubereitungszeit: 30 Min.

Insgesamt:
E: 103 g, F: 116 g, Kh: 169 g, kJ: 8978, kcal: 2133

- **1 Ciabatta-Brot (zum Aufbacken, etwa 300 g)**
- **250 g Mozzarella-Käse**
- **4 mittelgroße Tomaten**
- **200 g Doppelrahm-Frischkäse**
- **grob gemahlener Pfeffer**

1 Ciabatta-Brot nach Packungsanleitung aufbacken, etwas abkühlen lassen. Brot waagerecht halbieren, dann in Dreiecke schneiden.

2 Mozzarella-Käse in einem Sieb abtropfen lassen und in dünne Scheiben schneiden.

(Fortsetzung Seite 32)

3 Tomaten waschen, abtrocknen, halbieren und die Stängelansätze herausschneiden. Tomatenhälften in dünne Scheiben schneiden.

4 Die Ciabatta-Schnittchen mit Frischkäse bestreichen. Mozzarella- und Tomatenscheiben abwechselnd dachziegelartig darauf legen und mit Pfeffer bestreuen.

Zungenwurstschnittchen

(10 Stück – Foto)
Zubereitungszeit: 30 Min.

Pro Stück:
E: 10 g, F: 6 g, Kh: 17 g,
kJ: 709, kcal: 169

- **1 Apfel, z. B. Jonagold**
- **1 kleine Salatgurke (etwa 200 g)**
- **250 g Magerquark**
- **1 Bund Dill**
- **Salz**
- **frisch gemahlener Pfeffer**
- **10 Salatblätter, z. B. Lollo Bionda**
- **5 große Scheiben Bauernbrot oder Mischbrot**
- **10 große Scheiben Zungenwurst**
- **1 Karambole**

1 Apfel waschen, abtrocknen, vierteln und das Kerngehäuse entfernen. Apfelviertel in feine Würfel schneiden.

2 Gurke schälen und die Enden abschneiden. Gurke längs vierteln, evtl. Kerne herausschaben. Gurke ebenfalls in feine Würfel schneiden. Apfel- und Gurkenwürfel mit dem Quark verrühren.

3 Dill abspülen, trockentupfen und die Spitzen von den Stängeln zupfen. Spitzen fein schneiden und unter die Quarkmasse rühren. Quarkmasse mit Salz und Pfeffer würzen.

4 Salatblätter waschen und trockentupfen. Brotscheiben halbieren und dünn mit etwas von der Quarkmasse bestreichen. Je ein Salatblatt und eine Scheibe Zungenwurst darauf legen. Jede Zungenwurstscheibe zur Hälfte mit etwas von der Quarkmasse belegen. Unbelegte Hälfte der Zungenwurst jeweils darüber klappen.

5 Karambole waschen, abtrocknen und in dünne Scheiben schneiden. Schnittchen mit Karambolescheiben garniert servieren.

Tipp:
Als Variante können Sie auch aufgeschnittene, gekochte Rinderzunge verwenden.

Ciabatta-Brötchen mit Frikadellen

(12 Stück)
Zubereitungszeit: 45 Min., ohne Abkühlzeit

Pro Stück:
E: 11 g, F: 25 g, Kh: 16 g, kJ: 1375, kcal: 329

- **1 Brötchen (Semmel) vom Vortag**
- **1 Zwiebel**
- **1 Bund Petersilie**
- **500 g Gehacktes vom Schwein**
- **1 Ei (Größe M)**
- **2 TL Senf, z. B. Dijon-Senf**
- **1 TL Pul Biber (geschrotete Pfefferschoten)**
- **Salz**
- **frisch gemahlener Pfeffer**
- **6 EL Olivenöl**
- **6 Ciabatta-Brötchen zum Aufbacken**
- **2 saure Gurken**
- **200 g Mayonnaise**
- **1 TL Tsatsiki-Gewürzmischung**
- **12 Salatblätter, z. B. Lollo Bionda**

1 Brötchen in kaltem Wasser einweichen und gut ausdrücken. Zwiebel abziehen und in feine Würfel schneiden. Petersilie abspülen, trockentupfen und die Blättchen von den Stängeln zupfen. Blättchen fein hacken.

2 Gehacktes in eine Schüssel geben und mit dem ausgedrückten Brötchen, Zwiebelwürfeln, gehackten Petersilienblättchen, Ei und Senf vermischen. Gehacktesmasse mit Pul Biber, Salz und Pfeffer würzen.

3 Aus der Gehacktesmasse mit angefeuchteten Händen 12 flache Frikadellen formen. Öl in einer großen Pfanne erhitzen und die Frikadellen darin von beiden Seiten in etwa 10 Minuten knusprig braten. Gebratene Frikadellen abkühlen lassen.

4 Ciabatta-Brötchen nach Packungsanleitung aufbacken und anschließend etwas abkühlen lassen.

5 Saure Gurken in feine Würfel schneiden, mit der Mayonnaise und der Tsatsiki-Gewürzmischung verrühren. Etwa einen Esslöffel von der Mayonnaisemischung zum Garnieren beiseite legen. Salatblätter waschen und trockentupfen.

6 Ciabatta-Brötchen waagerecht aufschneiden und die Schnittseite mit der Mayonnaisemischung bestreichen. Zuerst Salatblätter darauf legen, dann jeweils eine Frikadelle darauf geben. Zum Garnieren je einen kleinen Tupfer der beiseite gelegten Mayonnaisemischung darauf setzen.

Belegte Baguetteschnittchen

(30 Stück)
Zubereitungszeit: 45 Min., ohne Abkühlzeit

Pro Stück:
E: 8 g, F: 7 g, Kh: 10 g, kJ: 561, kcal: 134

- **etwa 400 g Schweinefilet**
- **Salz**
- **frisch gemahlener Pfeffer**
- **1 EL Speiseöl**

- **2 Baguettestangen (etwa 600 g)**
- **100 g weiche Butter**
- **30 gemischte Salatblätter, z. B. Kopfsalat und Eichblattsalat**

- **10 Scheiben roher Schinken**
- **10 Scheiben Putenbrustaufschnitt**
- **10 Scheiben Lachsschinken**
- **5 große Scheiben Salami**
- **300 g Thüringer Mett**

- **2–3 entsteinte grüne Oliven**
- **5 Kapernäpfel**
- **3 Cocktailtomaten**
- **1–2 gelbe Tomaten**
- **5 Majoranblättchen**
- **einige Schnittlauchhalme**
- **einige Dillspitzen**
- **5 Scheiben Salatgurke**
- **einige Zwiebelringe**
- **1 EL rote Paprikawürfel**
- **etwas Remoulade**
- **10 grüne blanchierte Spargelspitzen**

1 Schweinefilet unter fließendem kalten Wasser abspülen, trockentupfen, in 5 Scheiben schneiden, mit Salz und Pfeffer würzen. Speiseöl in einer Pfanne erhitzen. Die Filetscheiben von beiden Seiten darin anbraten und in weiteren etwa 6 Minuten fertig braten. Filetscheiben herausnehmen und erkalten lassen.

2 Die Baguettestangen in etwa 1 cm dicke Scheiben (30 Stück) schneiden und mit Butter bestreichen. Salatblätter waschen und trockentupfen, evtl. in Schnittchengröße zurechtzupfen.

3 Die Schnittchen mit Salatblättern belegen. Jeweils 5 Schnittchen mit je 2 Scheiben Schinken, mit je 2 Scheiben Putenbrustaufschnitt, mit je 2 Scheiben Lachsschinken, mit je 1 Scheibe Salami sowie mit den gebratenen Filetscheiben belegen. Thüringer Mett eventuell mit Salz und Pfeffer nachwürzen, 5 Schnittchen damit bestreichen.

4 Oliven und Kapernäpfel abtropfen lassen. Oliven in Scheiben schneiden. Tomaten waschen, trockentupfen und halbieren. Die Stängelansätze herausschneiden. Gelbe Tomaten in Scheiben schneiden. Majoranblättchen, Schnittlauchhalme und Dillspitzen abspülen und trockentupfen.

5 Schnittchen auf einer großen Platte anrichten. Nach Belieben Schinkenschnittchen mit Gurkenscheiben und Majoranblättchen, Mettschnittchen mit Olivenscheiben und Zwiebelringen, Lachsschinkenschnittchen mit Tomatenscheiben, -hälften und Dillspitzen, Salamischnittchen mit Kapernäpfeln, Filetschnittchen mit Remoulade und Spargelspitzen, Putenbrustschnittchen mit Schnittlauch und Paprikawürfeln garnieren.

Sandwichschnittchen

(je 12 Stück)
Zubereitungszeit: 60 Min., ohne Kühlzeit

Pro Stück Corned-Beef-Schnittchen:
E: 4 g, F: 4 g, Kh: 9 g, kJ: 376, kcal: 90

Pro Stück Putenbrustschnittchen:
E: 3 g, F: 3 g, Kh: 13 g, kJ: 390, kcal: 93

Pro Stück Roastbeef-Schnittchen:
E: 4 g, F: 3 g, Kh: 9 g, kJ: 337, kcal: 80

- **18 Scheiben Sandwichtoast**

Für die Corned-Beef-Schnittchen:

- **2 EL Salatmayonnaise**
- **1 EL Naturjoghurt**
- **1–2 geh. TL mittelscharfer Senf**
- **Salz**
- **frisch gemahlener Pfeffer**
- **3 vorbereitete Salatblätter**
- **6 Scheiben Corned-Beef**
- **3 mittelgroße Gewürzgurken**

Für die Putenbrustschnittchen:

- **1 Mango**
- **2 EL Mango-Chutney**
- **Salz, Pfeffer**
- **1 EL Zitronensaft**
- **1 Banane**
- **3 vorbereitete Salatblätter**
- **150 g Putenbrustaufschnitt**

Für die Roastbeef-Schnittchen:

- **2 hart gekochte, gepellte Eier**
- **3 mittelgroße Gewürzgurken**
- **2 geh. EL Sahnemeerrettich**
- **3 vorbereitete Salatblätter**
- **6 Scheiben Roastbeef-Aufschnitt**

- **Frischhaltefolie**

1 Von den Sandwichscheiben die Rinden abschneiden.

2 Für die Corned-Beef-Schnittchen Mayonnaise, Joghurt und Senf verrühren, mit Salz und Pfeffer würzen. 6 Sandwichscheiben mit der Masse bestreichen. Davon 3 Sandwichscheiben mit je einem Salatblatt und zwei Scheiben Corned-Beef belegen.

3 Gewürzgurken in Scheiben schneiden und auf den Corned-Beef-Scheiben verteilen. Die restlichen 3 bestrichenen Sandwichscheiben auf die belegten Sandwichscheiben legen und fest andrücken.

4 Für die Putenbrustschnittchen Mango halbieren und den Stein entfernen. Mango schälen, etwa 100 g Mangofruchtfleisch in kleine Würfel schneiden und mit dem Mango-Chutney verrühren. Mit Salz, Pfeffer und Zitronensaft würzen. Banane schälen, fein würfeln und ebenfalls unterrühren.

5 Mangomasse auf 6 Sandwichscheiben streichen, auf 3 davon je 1 Salatblatt legen. Putenbrustaufschnitt fein würfeln und auf den Salatblättern verteilen. Mit je einer bestrichenen Sandwichscheibe bedecken und fest andrücken.

6 Für die Roastbeef-Schnittchen Eier und Gewürzgurken in dünne Scheiben schneiden. Restliche 6 Sandwichscheiben mit Sahnemeerrettich bestreichen, 3 Sandwichscheiben jeweils mit 1 Salatblatt und 2 Scheiben Roastbeef-Aufschnitt belegen. Eier- und Gewürzgurken-

(Fortsetzung Seite 40)

scheiben darauf verteilen, mit den restlichen 3 Sandwichscheiben bedecken und fest andrücken.

7 Sandwiches in Frischhaltefolie wickeln, etwa 1 Stunde beschweren (z. B. mit einem Schneidbrett und Konserven) und kalt stellen.

8 Sandwiches aus der Folie nehmen, zweimal diagonal durchschneiden, so dass jeweils 4 kleine Schnittchen entstehen.

Tipp:
Die Schnittchen auf einer Platte anrichten und mit Schnittlauchröllchen und Paprikapulver garnieren.

Schnittchen nach Gyrosart

(10 Stück)
Zubereitungszeit: 30 Min., ohne Abkühlzeit

Pro Stück:
E: 21 g, F: 12 g, Kh: 16 g, kJ: 1121, kcal: 268

- **10 kleine Putenschnitzel (je etwa 75 g)**
- **Gyrosgewürzmischung**
- **6 EL Olivenöl**
- **1 Ciabatta-Brot (etwa 300 g)**
- **5 EL Olivenöl**
- **10 Salatblätter, z. B. Friséesalat**
- **200 g Tsatsiki**

1 Putenschnitzel unter fließendem kalten Wasser abspülen, trockentupfen und mit der Gyrosgewürzmischung bestreuen. Olivenöl in einer großen Pfanne erhitzen. Putenschnitzel darin von beiden Seiten 5–7 Minuten braten und anschließend etwas abkühlen lassen.

2 Ciabatta in 10 Scheiben schneiden. Olivenöl in einer großen Pfanne erhitzen. Ciabatta-Scheiben von beiden Seiten darin knusprig braten und dann etwas abkühlen lassen.

3 Salatblätter waschen und trockentupfen. Je ein Salatblatt auf eine Ciabatta-Scheibe legen, den Tsatsiki darauf verteilen und mit je einem Putenschnitzel belegen.

Tipp:
Diese Ciabatta-Schnittchen schmecken auch warm sehr gut.

Knäckebrot mit Knochenschinken

(10 Stück)
Zubereitungszeit: 20 Min.

Pro Stück:
E: 11 g, F: 9 g, Kh: 11 g,
kJ: 707, kcal: 168

- **1 Bund Schnittlauch**
- **80 g Sahnemeerrettich**
- **100 g Joghurt-Salat-Creme**
- **10 Scheiben Knäckebrot mit Sesam**
- **20 Scheiben Knochenschinken**
- **5 hart gekochte, gepellte Eier**
- **2 Frühlingszwiebeln**

1 Schnittlauch abspülen, trockentupfen und in kleine Röllchen schneiden. Sahnemeerrettich mit Joghurt-Salat-Creme und Schnittlauchröllchen verrühren.

2 Knäckebrotscheiben mit der Creme bestreichen. Schinkenscheiben zu Tütchen aufrollen. Eier vierteln und je ein Viertel in eine Schinkentüte geben. Jeweils 2 gefüllte Schinkentütchen auf eine Knäckebrotscheibe legen.

3 Frühlingszwiebeln putzen, waschen und in feine Ringe schneiden. Belegte Knäckebrote mit den Frühlingszwiebelringen garniert servieren.

Tipp:
Sollten Sie sehr große Scheiben Knochenschinken bekommen, reichen auch 10 Scheiben, die Sie dann halbieren können. Knäckebrotschnittchen maximal eine Stunde vor dem Verzehr zubereiten, damit sie nicht durchweichen.

Schnittchenvariationen mit Schmalz

(10 Stück)
Zubereitungszeit: 30 Min., ohne Akkühlzeit

Pro Stück:
E: 4 g, F: 23 g, Kh: 24 g, kJ: 1322, kcal: 316

- **250 g geräucherter fetter Speck**
- **1 große Zwiebel**
- **1 kleiner säuerlicher Apfel**
- **1 TL gerebelter Majoran**
- **10 Scheiben Mischbrot**
- **2 EL Schnittlauchröllchen**
- **einige rote Zwiebelringe**

1 Speck in feine Würfel schneiden und in einer Pfanne mit hohem Rand auslassen.

2 Zwiebel abziehen und in feine Würfel schneiden, zu dem ausgelassenen Speck in die Pfanne geben und goldgelb werden lassen. Die Hälfte des flüssigen Schmalzes mit den Grieben (ausgelassene Speckstückchen) in ein feuerfestes Gefäß füllen.

3 Apfel waschen, abtrocknen, vierteln und entkernen. Apfelviertel in kleine Würfel schneiden und zu dem restlichen Schmalz in die Pfanne geben. Etwa 5 Minuten ziehen lassen und von der Kochstelle nehmen. Majoran unterrühren und das Schmalz erkalten lassen.

4 Jeweils 5 Brotscheiben mit Grieben- bzw. Apfelschmalz bestreichen und mit Schnittlauchröllchen oder Zwiebelringen garnieren.

Tipp:
Nach Belieben die Apfelschmalzschnittchen mit in Zitrone eingelegten dünnen Apfelspalten garnieren. Harzer Käse in Scheiben schneiden und die mit Zwiebelringen garnierten Schmalzschnittchen zusätzlich mit den Käsescheiben belegen. Restliches Schmalz hält in einem verschlossenen Gefäß 3–4 Wochen im Kühlschrank.

Schnittchen mit Fisch & Meeresfrüchten

Französisches Landbrot mit Lachstatar

(10 Stück)
Zubereitungszeit: 20 Min.

Pro Stück:
E: 8 g, F: 12 g, Kh: 16 g, kJ: 870, kcal: 208

- **5 Scheiben Französisches Landbrot oder 10 Scheiben Ciabatta-Brot**
- **8 EL Olivenöl**
- **2 Frühlingszwiebeln**
- **250 g geräucherter Lachs**
- **1 EL Olivenöl**
- **einige Tropfen Zitronensaft**
- **frisch gemahlener Pfeffer**
- **100 g Doppelrahm-Frischkäse**
- **1–2 EL Milch**
- **1–2 Dillstängel**

1 Landbrotscheiben halbieren. Olivenöl in einer großen Pfanne erhitzen und die Brotscheiben in 2 Portionen darin von beiden Seiten knusprig braten.

2 Frühlingszwiebeln putzen, waschen, abtropfen lassen und in feine Ringe schneiden. Lachs in feine Würfel schneiden.

3 Lachswürfel mit Frühlingszwiebelringen mischen. Olivenöl unterrühren und die Mischung mit Zitronensaft und Pfeffer abschmecken.

4 Lachstatar auf den Brotscheiben verteilen und mit einer Gabel etwas andrücken. Frischkäse mit Milch verrühren und kleine Tupfer auf die Schnittchen setzen.

5 Dill abspülen, trockentupfen und in kleinere Stängel zupfen. Schnittchen damit garnieren.

Sardellen-Toast-Schnittchen

(10 Stück – Foto links)
Zubereitungszeit: 20 Min.

Pro Stück:
E: 6 g, F: 6 g, Kh: 15 g,
kJ: 596, kcal: 142

- **10 Scheiben Toastbrot**
- **40 g weiche Butter**
- **4 Tomaten**
- **3 hart gekochte Eier**
- **Salz**
- **frisch gemahlener Pfeffer**
- **10 Sardellenfilets (aus dem Glas)**
- **10 abgetropfte Kapern**
- **10 küchenfertig vorbereitete Basilikumblättchen**

1 Toastbrot toasten. Aus jeder Toastscheibe mit einem runden Ausstecher oder Glas (Ø etwa 6 cm) Scheiben ausstechen und mit Butter bestreichen.

2 Tomaten waschen, abtrocknen und halbieren. Grüne Stängelansätze entfernen. Tomatenhälften in 10 etwas dickere Scheiben schneiden. Eier pellen, ebenfalls in 10 Scheiben schneiden.

3 Je eine Tomatenscheibe auf eine runde Toastscheibe legen und mit Salz und Pfeffer bestreuen. Darauf jeweils eine Eischeibe legen.

4 Sardellen abtropfen lassen, aufrollen und jeweils ein Röllchen auf eine Eierscheibe legen. Mittig auf die Sardellenröllchen je eine Kaper geben. Sardellen-Toast-Schnittchen mit den Basilikumblättchen garniert servieren.

Schnittchen mit Lachs

(10 Stück – Foto rechts)
Zubereitungszeit: 15 Min.

Pro Stück:
E: 3 g, F: 4 g, Kh: 9 g,
kJ: 370, kcal: 88

- **5 Scheiben Weizenmischbrot**
- **2 EL weiche Butter**
- **1/2–1 EL Zitronensaft**
- **Salz**
- **frisch gemahlener Pfeffer**
- **5 dünne Scheiben Räucherlachs**
- **1–2 EL geriebener Meerrettich**
- **1 Dillzweig**
- **2 Zitronenscheiben von einer gewaschenen Bio-Zitrone (unbehandelt, ungewachst)**

1 Aus jeder Brotscheibe mit einem runden Ausstecher oder Glas (Ø etwa 4 cm) 2 Brottaler ausstechen. Butter mit Zitronensaft geschmeidig rühren, mit Salz und Pfeffer würzen. Taler damit bestreichen.

2 Räucherlachs längs halbieren und jeweils von der schmalen Seite her aufrollen. Röllchen auf die Brottaler legen. Darauf jeweils etwas Meerrettich geben.

3 Dill abspülen, trockentupfen und in kleine Stängel zupfen. Jede Zitronenscheibe in 5 Ecken schneiden. Schnittchen mit kleinen Dillstängeln und Zitronenecken garnieren.

(Fortsetzung Seite 50)

■ **Abwandlung:**

Lachsschnittchen vom Titelfoto. 5 Toastbrotscheiben entrinden und diagonal halbieren. In einer Pfanne mit 1 Esslöffel Olivenöl von beiden Seiten knusprig braten und etwas abkühlen lassen. 10 Räucherlachsscheiben rosettenförmig auf die Toastdreiecke legen. Die Schnittchen mit Meerrettichsahne, kleinen Dillstängeln und Limettenecken garnieren.

Fischecken

(20 Stück)
Zubereitungszeit: 25 Min.

Pro Stück:
E: 2 g, F: 2 g, Kh: 5 g,
kJ: 193, kcal: 46

- **5 Scheiben Toastbrot**
- **5 Sardellenfilets (etwa 50 g)**
- **30 g weiche Butter**
- **einige Tropfen Zitronensaft**
- **frisch gemahlener, weißer Pfeffer**
- **etwa 8 Sardinen in Öl (je nach Größe)**
- **2 Tomaten**
- **3–4 Stängel glatte Petersilie**

1 Toastscheiben toasten. Sardellenfilets in sehr feine Stücke schneiden und mit Butter, Zitronensaft und Pfeffer verrühren.

2 Sardellenbutter auf die Toastscheiben streichen und die Toasts diagonal vierteln.

3 Sardinen abtropfen lassen (am besten auf Küchenpapier legen und damit abtupfen) und in Größe der Toastecken schneiden. Tomaten waschen, trockentupfen und die Stängelansätze entfernen. Tomaten in Scheiben schneiden. Petersilie abspülen, trockentupfen und die Blätter von den Stängeln zupfen.

4 Zuerst ein Petersilienblatt, dann eine Tomatenscheibe und zuletzt die Sardinenfilets auf die Toastecken legen.

■ **Abwandlung:**

Shrimpsecken: 5 Toastbrotscheiben toasten. 75 g Crème fraîche mit 1 Teelöffel Meerrettich verrühren, die Toastbrotscheiben damit bestreichen, dann diagonal vierteln. 125 g Shrimps mit 1 Teelöffel Zitronensaft, 1 Esslöffel Olivenöl, Salz und Pfeffer marinieren. 1 Teelöffel gehackten Dill unterheben. Auf die Toastbrotscheiben erst ein kleines Blatt Salat legen, dann die marinierten Shrimps darauf verteilen und die Ecken mit Dill garnieren.

Fladenschnittchen „Dreierlei"

Fladenbrot mit Kichererbsenpüree

(12 Stück)
Zubereitungszeit: 40 Min., ohne Abkühlzeit

Pro Stück:
E: 5 g, F: 3 g, Kh: 23 g, kJ: 593, kcal: 142

- **1 Dose Kichererbsen (Abtropfgewicht 265 g)**
- **150 g Naturjoghurt**
- **2 EL Tahin (Sesampaste, erhältlich in türkischen Geschäften)**
- **1 Bund Frühlingszwiebeln**
- **1 Bund glatte Petersilie**
- **Salz, Pfeffer**
- **2 Msp. Pul-Biber (erhältlich in türkischen Geschäften)**
- **1 rundes Fladenbrot (etwa 400 g)**

1 Kichererbsen in einem Sieb abtropfen lassen. Kichererbsen pürieren, mit Joghurt und Tahin verrühren. Frühlingszwiebeln putzen, waschen, abtropfen lassen, in feine Ringe schneiden. Petersilie abspülen, trockentupfen. Die Blättchen von den Stängeln zupfen und fein hacken. Etwa zwei Drittel der Zwiebelringe und der Petersilie unter den Joghurt rühren. Mit Salz, Pfeffer und Pul-Biber würzen.

2 Das Fladenbrot bei Ober-/Unterhitze: 200 °C etwa 5 Minuten aufbacken, kurz abkühlen lassen. Fladenbrot in 12 Tortenstücke schneiden und diese waagerecht halbieren. Die unteren Fladenbrotstücke mit Kichererbsenpüree bestreichen und die oberen Stücke darauf setzen. Mit den restlichen Frühlingszwiebelringen und Petersilie bestreuen. Auf einer Platte anrichten.

Fladenbrot mit Tunfisch-Frischkäse

(12 Stück)
Zubereitungszeit: 35 Min., ohne Abkühlzeit

Pro Stück:
E: 10 g, F: 9 g, Kh: 18 g, kJ: 842, kcal: 197

- **2 Dosen Tunfisch (Abtropfgewicht je 150 g)**
- **2 rote Zwiebeln**
- **1 Bund glatte Petersilie**
- **3 mittelgroße Tomaten**
- **200 g Doppelrahm-Frischkäse**
- **Salz**
- **frisch gemahlener Pfeffer**
- **einige Cocktailtomaten**
- **1 rundes Fladenbrot (etwa 400 g)**

1 Tunfisch gut abtropfen lassen. Zwiebeln abziehen, halbieren, fein würfeln. Petersilie waschen, trockentupfen, die Blättchen von den Stängeln zupfen. Blättchen fein hacken. Tomaten waschen, abtrocknen, vierteln, die Stängelansätze herausschneiden. Tomaten in Würfel schneiden. Tunfisch mit Zwiebel-, Tomatenwürfeln, Petersilie und Frischkäse verrühren. Mit Salz und Pfeffer würzen. Cocktailtomaten waschen und trockentupfen.

2 Fladenbrot wie ab Punkt 2 (Fladenbrot mit Kichererbsenpüree) beschrieben aufbacken und schneiden. Die unteren Fladenbrotstücke mit der Tunfischmasse bestreichen, mit den oberen Stücken bedecken. Mit den Cocktailtomaten anrichten.

(Fortsetzung Seite 54)

Fladenbrot mit Tsatsiki

(12 Stück – Foto Seite 53)
Zubereitungszeit : 35 Min., ohne Abkühlzeit

Pro Stück:
E: 6 g, F: 4 g, Kh: 21 g, kJ: 633, kcal: 151

- **2 Becher (je 500 g) Naturjoghurt**
- **5 Knoblauchzehen**
- **1 TL Salz**
- **1 EL Olivenöl**
- **1 Salatgurke**
- **1 rundes Fladenbrot (etwa 400 g)**

1 Joghurt in einem Sieb (mit Küchenpapier ausgelegt) gut abtropfen lassen. Knoblauch abziehen und durch eine Knoblauchpresse drücken. Knoblauch, Salz und Olivenöl unter den Joghurt rühren.

2 Gurke waschen, abtrocknen und halbieren, eine Gurkenhälfte grob raspeln, in einem Sieb abtropfen lassen oder ausdrücken und mit dem Joghurt verrühren. Nach Belieben nachwürzen. Andere Gurkenhälfte in Scheiben schneiden. Gurkenscheiben halbieren.

3 Fladenbrot wie auf Seite 52 beschrieben aufbacken und schneiden. Die unteren Fladenbrotstücke mit Tsatsiki bestreichen und mit den oberen Stücken bedecken. Mit den halbierten Gurkenscheiben garnieren.

Roggenbrotschnittchen mit Heringssalat

Zubereitungszeit: 20 Min.

Pro Stück:
E: 10 g, F: 16 g, Kh: 15 g, kJ: 1050, kcal: 251

- **3 Matjes Doppelfilets**
- **500 g roter Heringssalat (aus dem Kühlregal)**
- **1 roter Apfel**
- **Saft von einer Zitrone**
- **10 Salatblätter, z. B. Friséesalat**
- **5 große Scheiben Roggenbrot**
- **1 Dillstängel**

1 Matjesfilets in kleine Stücke schneiden, dabei evtl. vorhandene Gräten entfernen, Matjesstücke unter den Heringssalat mischen.

2 Apfel waschen, abtrocknen und vierteln. Das Kerngehäuse entfernen und die Apfelviertel in dünne Spalten schneiden. Apfelspalten mit Zitronensaft beträufeln, damit sie sich nicht braun färben.

3 Salatblätter waschen und trockentupfen. Brotscheiben halbieren und mit je einem Salatblatt belegen. Den Heringssalat auf den Salatblättern verteilen.

4 Dillstängel abspülen, trockentupfen und etwas kleiner zupfen. Die Schnittchen mit Apfelspalten und Dill garniert servieren.

Schnittchen mit Krabbenbutter

(8–10 Stück – Foto)
Zubereitungszeit: 15 Min.

Pro Stück:
E: 4 g, F: 16 g, Kh: 10 g,
kJ: 855, kcal: 204

- **50 g geschälte Krabben**
- **4 TL Krabbenpaste (aus der Tube)**
- **150 g weiche Butter**
- **Salz**
- **frisch gemahlener Pfeffer**
- **1 EL Cognac**
- **8–10 Scheiben Stangenweißbrot**

Zum Garnieren:

- **1–2 Stängel glatte Petersilie**
- **50 g geschälte Krabben**

1 Krabben evtl. abtropfen lassen und in kleine Stücke schneiden. Krabbenstücke mit Krabbenpaste und Butter verrühren und mit Salz, Pfeffer und Cognac abschmecken. Die Brotscheiben damit bestreichen.

2 Zum Garnieren Petersilie abspülen, trockentupfen und die Blätter von den Stängeln zupfen. Die Krabben mittig als kleine Häufchen auf die Schnittchen geben und mit den Petersilienblättchen garniert servieren.

Senf-, Schnittlauch- und Meerrettichbutter

Zubereitungszeit: 20 Min.

Insgesamt Senfbutter:
E: 2 g, F: 105 g, Kh: 2 g,
kJ: 4023, kcal: 961

Insgesamt Schnittlauchbutter:
E: 2 g, F: 104 g, Kh: 0 g,
kJ: 3960, kcal: 946

Insgesamt Meerrettichbutter:
E: 3 g, F: 104 g, Kh: 7 g,
kJ: 4093, kcal: 978

- **3 x 125 g weiche Butter**

Für die Senfbutter:

- **2–3 TL mittelscharfer Senf**
- **2 EL Zitronensaft**

Für die Schnittlauchbutter:

- **6 EL Schnittlauchröllchen**

Für die Meerrettichbutter:

- **3 EL frisch geriebener Meerrettich**

Außerdem:

- **Salz**
- **frisch gemahlener Pfeffer**

1 Die Butter jeweils mit Senf und Zitronensaft bzw. Schnittlauchröllchen oder Meerrettich verrühren. Die Senfbutter mit Salz, die Schnittlauch- und Meerrettichbutter zusätzlich auch mit Pfeffer abschmecken.

MIT ALKOHOL · SCHNELL

Pumpernickeltaler

(je 12 Stück)
Zubereitungszeit: 55 Min., ohne Durchziehzeit

Pro Stück mit Frischkäse:
E: 2 g, F: 5 g, Kh: 5 g, kJ: 292, kcal: 70

Pro Stück mit Matjes:
E: 4 g, F: 5 g, Kh: 4 g, kJ: 340, kcal: 81

Pro Stück mit Quark:
E: 2 g, F: 3 g, Kh: 5 g, kJ: 247, kcal: 59

Für die Pumpernickeltaler mit Frischkäse:

- **75 g Crème fraîche**
- **100 g Doppelrahm-Frischkäse**
- **1 TL Milch**
- **1 Frühlingszwiebel**
- **Worcestersauce**
- **Salz**
- **frisch gemahlener Pfeffer**
- **12 Pumpernickeltaler**

Zum Garnieren:

- **4 entsteinte grüne Oliven**
- **je 1 EL grüne und rote Paprikawürfel**

Für die Pumpernickeltaler mit Matjes:

- **200 g Matjesfilets**
- **1 Schalotte**
- **1 mittelgroße Gewürzgurke**
- **1 Tomate**
- **1 TL fein geschnittener Dill**
- **1 TL fein geschnittene Petersilie**
- **2 EL Sonnenblumenöl**
- **1 EL Weißweinessig**
- **Salz, Pfeffer**
- **etwas Zucker**
- **12 Pumpernickeltaler**
- **15 g weiche Butter**
- **Dillstängel zum Garnieren**

Für die Pumpernickeltaler mit Quark:

- **100 g Doppelrahm-Frischkäse**
- **75 g Speisequark**
- **gemahlener Kümmel**
- **Salz**
- **frisch gemahlener Pfeffer**
- **einige Spritzer Tabasco**
- **Paprikapulver scharf und edelsüß**
- **12 Pumpernickeltaler**

Zum Garnieren:

- **blaue und grüne Weintrauben**

1 Für die Pumpernickeltaler mit Frischkäse Crème fraîche mit Frischkäse und Milch verrühren. Frühlingszwiebel putzen, waschen, abtropfen lassen und in Ringe schneiden. Die Hälfte der Zwiebelringe unter die Frischkäsemasse rühren. Mit Worcestersauce, Salz und Pfeffer würzen. Die Frischkäsemasse kuppelartig auf die Pumpernickeltaler streichen.

2 Zum Garnieren Oliven in Scheiben schneiden. Pumpernickeltaler mit Paprikawürfeln und Olivenscheiben garnieren.

3 Für die Pumpernickeltaler mit Matjes Matjesfilets eventuell entgräten und sehr fein würfeln. Schalotte abziehen. Gurke und Schalotte fein würfeln.

4 Tomate waschen, abtropfen lassen, kreuzweise einschneiden, kurz in kochendes Wasser legen und in kaltem Wasser abschrecken. Tomate enthäuten, den Stängelansatz herausschneiden. Tomate in feine Würfel schneiden.

5 Matjes-, Gurken-, Schalotten- und Tomatenwürfel mit Dill und Petersilie vermengen. Sonnenblumenöl und Essig unterrühren.

(Fortsetzung Seite 60)

Mit Salz, Pfeffer und Zucker würzen, etwas durchziehen lassen.

6 Pumpernickeltaler dünn mit Butter bestreichen. Die Matjesmischung mithilfe eines kleinen Eisportionierers oder 2 Teelöffeln formen und auf die Pumpernickel geben.

7 Zum Garnieren Dillstängel abspülen, trockentupfen, in kleine Zweige zupfen. Pumpernickeltaler mit Dill garnieren.

8 Für die Pumpernickeltaler mit Quark Frischkäse mit Quark verrühren und mit Kümmel, Salz, Pfeffer, Tabasco und Paprikapulver würzen. Die Masse in einen Spritzbeutel mit Sterntülle füllen und auf die Pumpernickeltaler spritzen.

9 Pumpernickeltaler auf einer Platte anrichten. Weintrauben waschen, trockentupfen und halbieren, evtl. entkernen. Pumpernickeltaler mit den Weintraubenhälften garnieren.

Knoblauchschnittchen mit Garnelen

(etwa 10 Stück – Foto)
Zubereitungszeit: 20 Min.

Pro Stück:
E: 3 g, F: 18 g, Kh: 11 g, kJ: 909, kcal: 217

- **1 Bio-Limette (unbehandelt, ungewachst)**
- **1 Bund Petersilie**
- **3 Knoblauchzehen**
- **140 g Mayonnaise**
- **1 kleines Baguette (etwa 300 g)**
- **6 EL Speiseöl, z. B. Rapsöl**
- **10 große gegarte Garnelen in Knoblauch**
- **10 kleine Salatblätter, z. B. Kopfsalat**

1 Limette heiß waschen, abtrocknen und halbieren. Eine Hälfte in 5 Scheiben schneiden, diese nochmals halbieren und zum Garnieren beiseite legen. Zweite Limettenhälfte auspressen.

2 Petersilie abspülen und trockentupfen. Die Blättchen von den Stängeln zupfen und fein hacken. Knoblauch abziehen. Eine Zehe fein würfeln und mit Mayonnaise, Limettensaft und Petersilie verrühren.

3 Restliche Knoblauchzehen in dünne Scheiben schneiden. Öl mit den Knoblauchscheiben in einer Pfanne erhitzen und die Baguettescheiben, evtl. portionsweise, darin von beiden Seiten knusprig braten.

4 Garnelen evtl. abtropfen lassen. Salatblätter waschen und trockentupfen. Jedes Knoblauchschnittchen mit einem Salatblatt belegen. Darauf die Mayonnaisemischung geben und die Knoblauchgarnelen darauf legen.

5 Knoblauchschnittchen mit den beiseite gelegten Limettenscheiben garniert servieren.

Tipp:
Frische Garnelen selbst in Knoblauchöl braten.

Fischerschnittchen

(20 Stück – Foto)
Zubereitungszeit: 20 Min., ohne Abkühlzeit

Pro Stück:
E: 4 g, F: 4 g, Kh: 5 g, kJ: 310, kcal: 74

- **5 Scheiben Toastbrot**
- **40 g weiche Butter**
- **3 hart gekochte Eier**
- **260 g Ölsardinen (aus der Dose)**
- **1–2 EL Zitronensaft**
- **frisch gemahlener Pfeffer**
- **1 rote Zwiebel**

1 Toastbrot toasten, etwas abkühlen lassen, dann mit Butter bestreichen und vierteln. Eier pellen und in 20 Scheiben schneiden.

2 Ölsardinen auf Küchenpapier legen, abtropfen lassen und evtl. halbieren. Zuerst die Schnittchen jeweils mit einer Eierscheibe, dann mit einem Stück Ölsardine belegen und mit Zitronensaft beträufeln, mit Pfeffer bestreuen.

3 Zwiebel abziehen und halbieren. Zwiebel in Scheiben schneiden und anschließend in Ringe teilen. Die Schnittchen mit Zwiebelringen garnieren.

Tipp:
Statt der Ölsardinen können auch geräucherte Makrelenfilets, Forellenfilets oder geräucherter Aal genommen werden.

Schwedenschnittchen

(10 Stück- Foto)
Zubereitungszeit: 15 Min.

Pro Stück:
E: 6 g, F: 8 g, Kh: 11 g, kJ: 574, kcal: 137

- **5 Scheiben Vollkornbrot**
- **40 g weiche Butter**
- **2 Bund Schnittlauch**
- **250 g Matjesfilets**
- **grob gemahlener Pfeffer**
- **1 Apfel mit roter Schale**
- **2 EL Zitronensaft**

1 Die Brotscheiben mit Butter bestreichen und halbieren. Schnittlauch abspülen, trockentupfen, in Röllchen schneiden und auf einen flachen Teller legen. Schnittchen mit der Butterseite in die Schnittlauchröllchen drücken.

2 Matjes abtropfen lassen und in 10 Stücke schneiden, evtl. Gräten entfernen. Matjesstücke auf den Schnittchen anrichten und mit Pfeffer bestreuen.

3 Apfel waschen, abtrocknen, vierteln und das Kerngehäuse herausschneiden. Apfelviertel in dünne Spalten schneiden, mit Zitronensaft beträufeln und die Schwedenschnittchen damit garnieren.

Tipp:
Die Schnittchen statt mit Butter mit Sahnemeerrettich bestreichen.

Schnittchen mit Tunfisch-Zwiebel-Aufstrich

(10–12 Stück)
Zubereitungszeit: 15 Min.

Pro Stück:
E: 7 g, F: 8 g, Kh: 9 g,
kJ: 552, kcal: 132

- **2 Dosen Tunfisch in Öl (Abtropfgewicht 135 g)**
- **2 rote Zwiebeln**
- **200 g Schmand**
- **Salz**
- **frisch gemahlener Pfeffer**
- **1–2 Stängel glatte Petersilie**
- **10–12 Scheiben Vollkorn-Baguette**

1 Tunfisch in einem Sieb abtropfen lassen und mit einer Gabel zerpflücken. Zwiebeln abziehen und halbieren. 3 dünne Zwiebelscheiben abschneiden, in Ringe teilen und zum Garnieren beiseite legen. Restliche Zwiebeln in feine Würfel schneiden.

2 Schmand mit Tunfisch und Zwiebelwürfeln verrühren. Aufstrich mit Salz und Pfeffer abschmecken.

3 Petersilie abspülen, trockentupfen und die Blättchen von den Stängeln zupfen. Baguettescheiben mit dem Aufstrich bestreichen und mit den beiseite gelegten Zwiebelringen und Petersilienblättchen garnieren.

Schnittchen mit Forellencreme

(10–12 Stück)
Zubereitungszeit: 15 Min.

Pro Stück:
E: 7 g, F: 4 g, Kh: 9 g,
kJ: 420, kcal: 100

- **125 g geräuchertes Forellenfilet (ohne Haut)**
- **1 Schalotte**
- **4–5 EL Sahnemeerrettich**
- **250 g Magerquark**
- **Salz, Pfeffer**
- **10 kleine Salatblätter, z. B. Frisée oder Lollo Bionda**
- **2–3 Radieschen**
- **10–12 Baguettescheiben**

1 Evtl. vorhandene Gräten vom Forellenfilet entfernen und das Filet in feine Würfel schneiden. Schalotte abziehen und fein würfeln. Meerrettich mit Quark verrühren, Forellenfilet- und Schalottenwürfel unterheben und mit Salz und Pfeffer abschmecken.

2 Salatblätter waschen und trockentupfen. Radieschen putzen, waschen, abtrocknen und in Scheiben schneiden, evtl. je nach Größe nochmals halbieren. Baguettescheiben mit je einem Salatblatt belegen und die Forellencreme in Häufchen darauf geben. Die Schnittchen mit Radieschenscheiben garnieren.

Vegetarische Schnittchen

Gemischte Käseschnittchen

(je 4 Stück)
Zubereitungszeit: 35 Min.

Pro Stück:
E: 8 g, F: 10 g, Kh: 11 g,
kJ: 684, kcal: 164

- **10 Scheiben Kastenvollkornbrot**
- **100 g Schnittlauchbutter (s. S. 56)**
- **4 rote Weintrauben**
- **etwa 5 Radieschen**
- **1 Stängel Petersilie**
- **1 Stängel Basilikum**
- **2 Tomaten**
- **1 frische Feige**
- **2 Physalis**
- **je 4 Scheiben Käseaufschnitt, z. B. Butterkäse, Burlander, Ziegenkäse**
- **8 Käserosetten, Tête de moin**
- **2 dünne Scheiben Ziegenfrischkäse von der Rolle**
- **1 EL geröstete Sonnenblumenkerne**
- **Paprikapulver**

Außerdem:

- **8 Holzspießchen**

1 Brotscheiben dünn mit Schnittlauchbutter bestreichen und halbieren. Weintrauben waschen, trockentupfen und halbieren. Radieschen putzen, waschen, abtrocknen und in dünne Scheiben schneiden.

2 Petersilie und Basilikum abspülen, trockentupfen und in kleinere Stängel zupfen. Einige Petersilienblättchen fein hacken. Tomaten waschen, abtrocknen und halbieren. Die Stängelansätze herausschneiden und die Tomaten in dünne Scheiben schneiden.

3 Feige vorsichtig abwaschen, trockentupfen und vierteln. Physalis aus der Hülle zupfen, abspülen, abtrocknen und halbieren.

4 Butterkäsescheiben halbieren, aufrollen und je 2 Röllchen mit einer Weintraubenhälfte auf 4 Schnittchen mit einem Holzspießchen feststecken.

5 Jeweils 2 Käserosetten auf 4 weitere Schnittchen legen und diese mit Petersilienstängeln garnieren.

6 Burlander in kleine Käsedreiecke schneiden. Diese abwechselnd mit Radieschenscheiben dachziegelartig auf 4 Schnittchen legen. Schnittchen mit fein gehackter Petersilie bestreuen.

(Fortsetzung Seite 68)

7 Ziegenfrischkäsescheiben von der Rolle halbieren und auf 4 Schnittchen legen. Je eine halbe Physalis und ein Feigenviertel darauf legen und mit Sonnenblumenkernen bestreuen.

8 Aus den Ziegenkäsescheiben kleine Rauten ausschneiden. Die restlichen 4 Schnittchen mit je 2 Tomatenscheiben und dekorativ mit den Käserauten belegen. Mit Basilikum garnieren und mit Paprikapulver bestreuen.

Knusperbrot mit Joghurt-Schafkäse-Creme

(10 Stück – Foto)
Zubereitungszeit: 20 Min.

Pro Stück:
E: 6 g, F: 5 g, Kh: 10 g, kJ: 458, kcal: 109

- **200 g Schafkäse**
- **250 g Naturjoghurt**
- **200 g Möhren**
- **1 Bund Schnittlauch**
- **60 g Rosinen**
- **10 Salatblätter, z. B. Lollo Bionda**
- **10 Knusperbrotscheiben**

1 Schafkäse in kleine Würfel schneiden, mithilfe einer Gabel zerdrücken und mit dem Joghurt verrühren.

2 Möhren putzen, schälen, waschen und abtropfen lassen. Möhren halbieren und in dünne, etwa 1 cm lange Stifte schneiden oder grob raspeln.

3 Schnittlauch abspülen, trockentupfen und in feine Röllchen schneiden. Etwa einen Esslöffel Schnittlauchröllchen zum Garnieren beiseite legen. Restliche Schnittlauchröllchen mit den Möhrenstiften oder -raspeln und den Rosinen unter die Joghurt-Schafkäse-Creme rühren.

4 Salatblätter waschen und trockentupfen. Je ein Salatblatt auf eine Knusperscheibe legen und die Creme darauf verteilen. Mit den beiseite gelegten Schnittlauchröllchen bestreuen.

Schwarzbrottürmchen

(Foto oben)
Zubereitungszeit: 20 Min., ohne Kühlzeit

Insgesamt:
E: 45 g, F: 69 g, Kh: 88 g, kJ: 4897, kcal: 1164

- **5 Scheiben Schwarzbrot oder Pumpernickel**
- **40 g weiche Butter**
- **4 Scheiben Schnittkäse (in der Größe der Schwarzbrotscheiben)**

- **Frischhaltefolie**

1 Für die Schwarzbrottürmchen 4 Scheiben Schwarzbrot mit etwas Butter bestreichen und mit je 1 Scheibe Käse belegen.

2 Die belegten Schwarzbrotscheiben aufeinander legen, mit der restlichen Schwarzbrotscheibe abschließen. Gut andrücken, in Frischhaltefolie verpackt einige Stunden kalt stellen und durchziehen lassen.

3 Schwarzbrotpäckchen aus der Folie nehmen, mit einem scharfen Messer türmchenartige Stücke schneiden.

Schwarzbrottaler

(etwa 30 Stück – Foto unten)
Zubereitungszeit: 20 Min, ohne Kühlzeit

Pro Stück:
E: 4 g, F: 5 g, Kh: 4 g, kJ: 328, kcal: 78

- **100 g Kräuter-Frischkäse**
- **100 g Doppelrahm-Frischkäse**
- **3 hart gekochte, gepellte Eier**
- **etwas klein geschnittener Dill**
- **etwas Worcestersauce**
- **Salz**
- **frisch gemahlener Pfeffer**
- **5 große Gouda-Käse-Scheiben**
- **30 Schwarzbrot- oder Pumpernickeltaler**
- **25 g weiche Butter**
- **etwas Paprikapulver edelsüß**
- **Schnittlauchröllchen**

- **Alufolie**

1 Beide Käsesorten miteinander verrühren. Eier fein würfeln, mit Dill und Worcestersauce unter den Käse rühren, mit Salz und Pfeffer würzen.

2 Von dem Gouda-Käse die Rinden abschneiden. Auf jede Käsescheibe etwas von der Eier-Käse-Mischung streichen, von der schmalen Seite her fest aufrollen. Jeweils eine Käserolle fest in Alufolie wickeln und 1–2 Stunden kalt stellen.

3 Käserollen aus der Folie nehmen und in etwa $1^1/_2$ cm dicke Scheiben schneiden. Die Schwarzbrot- oder Pumpernickeltaler mit etwas Butter bestreichen und mit je einer Käsescheibe belegen. Taler mit Paprikapulver bestreuen und mit Schnittlauchröllchen garnieren.

Bauernbrotschnittchen mit Harzer Käse

(10 Stück)
Zubereitungszeit: 25 Min., ohne Abkühlzeit

Pro Stück:
E: 14 g, F: 7 g, Kh: 16 g, kJ: 790, kcal: 189

- **4 rote Zwiebeln (etwa 200 g)**
- **6 EL milder Essig, z. B. Weißweinessig**
- **80 g Mayonnaise**
- **1 TL Kümmelsamen**
- **Salz**
- **frisch gemahlener Pfeffer**
- **5 große Scheiben Bauernbrot oder Mischbrot**
- **400 g Harzer Käse**

Zum Garnieren:

- **1 TL Kümmelsamen**

1 Zwiebeln abziehen. Eine Zwiebel halbieren, in Scheiben schneiden, anschließend in Ringe teilen und zum Garnieren beiseite legen. Restliche Zwiebeln halbieren und in feine Würfel schneiden.

2 Essig mit den Zwiebelwürfeln in einem Topf zum Kochen bringen und etwa 3 Minuten köcheln lassen. Zwiebel-Essig-Mischung abkühlen lassen.

3 Kalte Zwiebel-Essig-Mischung mit der Mayonnaise verrühren und mit Kümmel, Salz und Pfeffer würzen.

4 Brotscheiben halbieren und mit der Zwiebel-Mayonnaise-Masse bestreichen. Käse in 20 dünne Scheiben schneiden und die Schnittchen mit je 2 Käsescheiben belegen.

5 Zum Garnieren die Schnittchen mit den beiseite gelegten Zwiebelringen belegen und mit dem Kümmelsamen bestreuen.

Tipp:
Je nach Belieben können Sie auch anderen Sauermilchkäse verwenden.

Brotchips mit Ziegenfrischkäse

(12–15 Stück – Foto unten)
Zubereitungszeit: 20 Min.

Pro Stück:
E: 2 g, F: 5 g, Kh: 4 g,
kJ: 293, kcal: 70

- **2 Frühlingszwiebeln**
- **2–3 Basilikumstängel**
- **8 Kirschtomaten**
- **200 g Ziegenfrischkäse**
- **2–4 EL Schlagsahne**
- **Salz**
- **frisch gemahlener Pfeffer**
- **12–15 Brotchips (Zwiebel-Oregano-Geschmack) aus 1 Tüte Brotchips**

1 Frühlingszwiebeln putzen, waschen, gut abtropfen lassen und in feine Ringe schneiden. Basilikum abspülen und trockentupfen. Die Blättchen von den Stängeln zupfen. Kirschtomaten waschen, trockentupfen und vierteln. Die grünen Stängelansätze entfernen.

2 Ziegenfrischkäse mit Sahne zu einer geschmeidigen Masse verrühren. Zwiebelringe unter die Käsemasse rühren und mit Salz und Pfeffer würzen.

3 Die Käsemasse auf den Brotchips verteilen und mit je einem Tomatenviertel und einem Basilikumblatt garnieren.

Tipp:
Diese Ziegenfrischkäsemasse schmeckt auch gut auf Kräckern oder Crostini.

Pumpernickelecken

(10–12 Stück - Foto oben)
Zubereitungszeit: 30 Min., ohne Kühlzeit

Pro Stück:
E: 3 g, F: 6 g, Kh: 8 g,
kJ: 414, kcal: 99

- **1 Schalotte**
- **200 g Doppelrahm-Frischkäse**
- **Salz**
- **frisch gemahlener Pfeffer**
- **1/2 rote Paprikaschote**
- **einige Basilikum- und Petersilienstängel**
- **1 gestr. TL Paprikapulver edelsüß**
- **4 Scheiben Pumpernickel**

1 Schalotte abziehen und in feine Würfel schneiden. Frischkäse mit Schalottenwürfeln verrühren und mit Salz und Pfeffer abschmecken. Frischkäsemasse in 3 Portionen aufteilen.

2 Paprikahälfte entstielen, entkernen und die weißen Scheidewände entfernen. Paprika waschen, abtropfen lassen und in feine Würfel schneiden.

3 Basilikum und Petersilie abspülen und trockentupfen. Die Blättchen von den Stängeln zupfen. Blättchen fein hacken.

(Fortsetzung Seite 76)

4 Für den roten Aufstrich eine Portion der Frischkäsemasse mit den Paprikawürfeln und dem Paprikapulver verrühren. Für den grünen Aufstrich eine Portion der Frischkäsemasse mit den gehackten Kräutern verrühren.

5 Je eine Pumpernickelscheibe mit einem der drei Aufstriche bestreichen und übereinander legen. Mit der vierten Pumpernickelscheibe belegen, diese leicht andrücken und das Ganze fest in Frischhaltefolie einwickeln.

6 Pumpernickelturm für etwa 1 Stunde in den Kühlschrank legen, anschließend aus der Folie wickeln und in 10–12 Ecken schneiden.

Fruchtige Knusperscheiben

(10 Stück – Foto)
Zubereitungszeit: 20 Min.

Pro Stück:
E: 6 g, F: 1 g, Kh: 16 g,
kJ: 414, kcal: 97

- **200 g Hüttenkäse**
- **125 g Magerquark**
- **2 EL flüssiger Honig**
- **10 Erdbeeren**
- **10 grüne kernlose Weintrauben**
- **10 blaue kernlose Weintrauben**
- **10 Knusperreisscheiben mit Käse-Geschmack**
- **10 Physalis**

Zum Garnieren:

- **1 Stängel Zitronenmelisse**

1 Hüttenkäse mit Quark und Honig verrühren. Erdbeeren und Weintrauben waschen, trockentupfen, entstielen und halbieren. Physalis aus der Hülle zupfen und die Früchte vorsichtig waschen und trockentupfen.

2 Knusperreisscheiben jeweils in der Mitte mit einem Häufchen Hüttenkäsemasse belegen. Je eine Physalis auf die Mitte eines Häufchens setzen. Jeweils 2 Erdbeer-, grüne und blaue Weintraubenhälften dekorativ an das Häufchen legen.

3 Zitronenmelisse abspülen und trockentupfen. Die Blättchen von den Stängeln zupfen. Blättchen fein schneiden. Knusperscheiben mit den Zitronenmelissestreifen garniert servieren.

Tipp:
Die belegten Knusperreisscheiben bleiben bis zu 2 Stunden knusprig.

Vegetarische Aufstrichschnittchen

Frühlingszwiebelaufstrich

(10 Stück - Foto unten)
Zubereitungszeit: 25 Min.

Pro Stück:
E: 8 g, F: 8 g, Kh: 16 g,
kJ: 717, kcal: 172

- **1 Bund Frühlingszwiebeln**
- **1 Bund Schnittlauch**
- **250 g Magerquark**
- **200 g Doppelrahm-Frischkäse**
- **2 EL Crème fraîche**
- **1 EL TK-Gartenkräuter oder gemischte gehackte Kräuter**
- **Salz, Pfeffer**
- **5 große Scheiben dunkles Roggenvollkornbrot**

1 Frühlingszwiebeln putzen, waschen und abtropfen lassen. Eine Frühlingszwiebel in dünne Scheiben schneiden und zum Garnieren beiseite legen. Restliche Frühlingszwiebeln fein hacken.

2 Schnittlauch abspülen, trockentupfen und in Röllchen schneiden. Einen Esslöffel Schnittlauchröllchen zum Garnieren beiseite legen.

3 Quark mit Frischkäse und Crème fraîche zu einer cremigen Masse verrühren. Gehackte Frühlingszwiebeln, Schnittlauchröllchen und TK-Kräuter unterrühren und mit Salz und Pfeffer abschmecken.

4 Brotscheiben halbieren und mit dem Aufstrich bestreichen. Die Schnittchen mit den beiseite gelegten Frühlingszwiebelringen und Schnittlauchröllchen garnieren.

Schafkäse-Bärlauch-Aufstrich

(15 Stück)
Zubereitungszeit: 20 Min.

Pro Stück:
E: 4 g, F: 13 g, Kh: 7 g,
kJ: 683, kcal: 163

- **1 Bund Bärlauch (etwa 100 g)**
- **150 g Schafkäse**
- **200 g Doppelrahm-Frischkäse**
- **100 ml Olivenöl**
- **etwa 50 ml Milch**
- **Salz**
- **5 Scheiben Vollkorn-Kastenbrot**
- **1/2 rote Paprikaschote**
- **grob gemahlener Pfeffer**

1 Bärlauch verlesen und evtl. dickere Stiele entfernen. Bärlauch abspülen, abtropfen lassen und fein schneiden bzw. mit einem Zerkleinerer fein hacken.

2 Schafkäse in kleine Stücke schneiden und mit Frischkäse, Olivenöl und Milch verrühren. Bärlauch unterrühren und alles pürieren, evtl. mit Salz abschmecken.

3 Brotscheiben mit dem Aufstrich bestreichen und in je 3 Streifen schneiden. Paprikaschote entstielen, entkernen und die weißen Scheidewände entfernen. Paprika waschen, abtropfen lassen und in feine Würfel schneiden.

4 Schnittchenstreifen mit Paprikawürfeln und grobem Pfeffer bestreut servieren.

Vollkornschnittchen mit Radieschen

(10 Stück)
Zubereitungszeit: 20 Min.

Pro Stück:
E: 5 g, F: 17 g, Kh: 11 g,
kJ: 900, kcal: 216

- **1 Bund Radieschen**
- **5 Scheiben Vollkornbrot**
- **50 g weiche Butter**
- **10 kleine Ziegenfrischkäse (etwa 400 g), z. B. Picandou**
- **3 EL Sonnenblumenkerne**
- **1 Bund Schnittlauch**

1 Radieschen putzen, waschen, abtropfen lassen und in dünne Scheiben schneiden.

2 Vollkornbrotscheiben mit Butter bestreichen und halbieren, mit Radieschenscheiben belegen. Ziegenkäse waagerecht halbieren und jeweils zwei Hälften auf ein Radieschenbrot legen.

3 Sonnenblumenkerne in einer Pfanne ohne Fett rösten und etwas abkühlen lassen. Schnittlauch waschen, trockentupfen und in Röllchen schneiden.

4 Vollkornschnittchen mit Sonnenblumenkernen und Schnittlauchröllchen bestreut servieren.

Frühlingsschnittchen

(10 Stück)
Zubereitungszeit: 25 Min.

Pro Stück:
E: 5 g, F: 6 g, Kh: 14 g,
kJ: 556, kcal: 133

- **4 hart gekochte Eier**
- **1 Bund Radieschen**
- **1 Bund Schnittlauch**
- **5 große Scheiben Mischbrot mit Körnerkruste**
- **40 g weiche Butter**
- **Salz**
- **frisch gemahlener Pfeffer**

1 Eier pellen und in Scheiben schneiden. Radieschen putzen, waschen, abtropfen lassen und in Scheiben schneiden. Schnittlauch abspülen, trockentupfen und in Röllchen schneiden.

2 Brotscheiben halbieren, evtl. vierteln und dünn mit Butter bestreichen. Schnittchen mit Eier- und Radieschenscheiben belegen. Mit Salz und Pfeffer bestreuen und mit den Schnittlauchröllchen garnieren.

Oliven-Tomaten-Crostini

(20 Stück – Foto oben)
Zubereitungszeit: 35 Min.
Backzeit: etwa 10 Min.

Pro Stück:
E: 1 g, F: 5 g, Kh: 5 g,
kJ: 283, kcal: 68

- **1 Knoblauchzehe**
- **60 ml Olivenöl**
- **5 Scheiben Sandwich-Toast**
- **60 g schwarze Oliven in Ringen (aus dem Glas)**
- **300 g Tomaten**
- **1 Bund Basilikum**
- **Salz, Pfeffer**
- **20 g frisch geriebener Parmesan-Käse**

1 Knoblauch abziehen, durch eine Presse zu der Hälfte des Öls geben und verrühren. Brotscheiben vierteln, mit dem Knoblauchöl beträufeln und auf ein mit Backpapier belegtes Backblech legen. Das Backblech in den Backofen schieben und das Brot rösten.

Ober-/Unterhitze:
etwa 200 °C (vorgeheizt)
Heißluft: etwa 180 °C (vorgeheizt)
Gas: Stufe 3–4 (vorgeheizt)
Backzeit: etwa 5 Min.

2 Olivenringe in einem Sieb abtropfen lassen. Tomaten waschen, abtrocknen, vierteln und die Stängelansätze entfernen. Tomaten entkernen und in kleine Würfel schneiden. Basilikum abspülen und trockentupfen. Die Blättchen von den Stängeln zupfen. Einige Blättchen zum Garnieren beiseite legen, die restlichen in Streifen schneiden. Tomatenwürfel, Olivenringe und Basilikumstreifen vermengen und mit Salz und Pfeffer würzen.

3 Die Mischung auf den Brotecken verteilen, mit Käse bestreuen und mit dem restlichen Öl beträufeln. Die Crostini wieder in den Backofen schieben und weitere 5 Minuten bei der oben angegebenen Backofeneinstellung überbacken.

Käse-Crostini

(10 Stück – Foto unten)
Zubereitungszeit: 30 Min.

Pro Stück:
E: 4 g, F: 5 g, Kh: 13 g,
kJ: 455, kcal: 109

- **50 g kräftiger Blauschimmelkäse, z. B. Roquefort**
- **50 g milder Blauschimmelkäse, z. B. Bavaria oder Castello Blue**
- **50 g Crème fraîche**
- **10 Baguettescheiben**
- **1–2 EL flüssiger Honig, z. B. Lavendelhonig**
- **rosa Pfefferbeeren**

1 Beide Käsesorten in kleine Stücke schneiden, mit Crème fraîche in eine Schüssel geben und mit Handrührgerät mit Rührbesen verrühren.

2 Baguettescheiben auf ein Backblech legen und unter dem Grill des Backofens von beiden Seiten goldbraun rösten, etwas abkühlen lassen.

3 Baguettescheiben mit der Käsemasse bestreichen und mit Honig beträufeln. Pfefferbeeren zerdrücken und darauf streuen.

Tipp:
Crostini schmecken warm sehr gut, können aber auch kalt gegessen werden.

Kräcker mit angemachtem Camembert

(20 Stück – Foto links oben)
Zubereitungszeit: 30 Min.

Pro Stück:
E: 3 g, F: 3 g, Kh: 3 g,
kJ: 186, kcal: 45

- **1 Zwiebel**
- **200 g Camembert**
- **2–3 EL Schlagsahne oder Milch**
- **2 gestr. TL Paprikapulver edelsüß**
- **1 Bund Schnittlauch**
- **frisch gemahlener Pfeffer**
- **20 kleine, runde Kräcker**

1 Zwiebel abziehen und in feine Würfel schneiden. Camembert in kleine Stücke schneiden, mithilfe einer Gabel Camembertstücke mit Zwiebelwürfeln, Sahne oder Milch und Paprikapulver verrühren. Die Camembertstücke dabei mit der Gabel zerdrücken.

2 Schnittlauch abspülen, trockentupfen und in feine Röllchen schneiden. Etwa einen Esslöffel Schnittlauchröllchen zum Garnieren beiseite legen. Restliche Schnittlauchröllchen unter die Camembertmasse rühren und die Masse mit Pfeffer abschmecken.

3 Camembertmasse in kleinen Häufchen auf den Kräckern verteilen und mit den beiseite gelegten Schnittlauchröllchen bestreuen.

Schwarzbrotschnittchen mit Emmentaler-Käse-Creme

(10 Stück – Foto rechts unten)
Zubereitungszeit: 30 Min.

Pro Stück:
E: 7 g, F: 9 g, Kh: 9 g,
kJ: 611, kcal: 145

- **etwa 30 g Rucola (Rauke)**
- **180 g Emmentaler-Käse**
- **40 g Butter**
- **3 EL Weißweinessig oder Balsamico bianco**
- **Salz**
- **frisch gemahlener Pfeffer**
- **5 Scheiben Schwarzbrot**
- **10 Silberzwiebeln**

1 Rucola verlesen und dicke Stängel abschneiden. Rucola waschen und trockenschleudern. Von 16 Rucolablättern 3–4 cm lange Spitzen abschneiden und zum Garnieren beiseite legen. Restlichen Rucola klein schneiden.

2 Vom Käse evtl. die Rinde abschneiden. Käse in kleine Stücke schneiden. Käsestücke mit Butter und Weißweinessig in einen Zerkleinerer füllen und zu einer cremigen Masse verarbeiten. Die Käsemase mit Salz und Pfeffer würzen.

(Fortsetzung Seite 86)

3 Zerkleinerten Rucola unter die Käsemasse rühren. Schwarzbrotscheiben jeweils halbieren und mit der Emmentaler-Käse-Creme bestreichen.

4 Silberzwiebeln in einem Sieb abtropfen lassen. Die Schnittchen mit den Silberzwiebeln und den Rucolaspitzen garnieren.

Tipp:
Kerniges Vollkornbrot ist natürlich auch hervorragend geeignet. Wer keinen Zerkleinerer zur Verfügung hat, kann auch geriebenen Käse verwenden und diesen mit weicher Butter und Essig verrühren.

Avocadobrote

(10 Stück – Foto)
Zubereitungszeit: 15 Min.

Pro Stück:
E: 4 g, F: 8 g, Kh: 10 g, kJ: 540, kcal: 129

- **1 reife Avocado**
- **80 g Roquefort-Käse**
- **2–3 TL Zitronensaft**
- **frisch gemahlener Pfeffer**
- **5 rechteckige Scheiben Vollkornbrot**
- **4 kleine Tomaten**
- **1 Kästchen Radieschen- oder Gartenkresse**

1 Avocado halbieren und entsteinen. Avocadohälften schälen und das Fruchtfleisch in kleine Stücke schneiden. Avocadostücke mit Roquefort pürieren und die Avocadocreme mit Zitronensaft und Pfeffer würzen.

2 Vollkornbrote mit Avocadocreme bestreichen und diagonal halbieren (größere Scheiben nochmals durchschneiden). Tomaten waschen, trockentupfen und die Stängelansätze herausschneiden. Tomaten in Scheiben schneiden und jeweils 1 Scheibe in die Mitte der Schnittchen legen.

3 Kresse abspülen, trockentupfen und abschneiden. Die Avocadobrote mit der Kressse garnieren.

Eiersalatschnittchen

(10 Stück)
Zubereitungszeit: 30 Min., ohne Kühlzeit

Pro Stück:
E: 6 g, F: 11 g, Kh: 14 g, kJ: 738, kcal: 176

- **5 hart gekochte Eier**
- **1 Glas Spargel (Abtropfgewicht 170 g)**
- **1 Glas Champignons (Abtropfgewicht 170 g)**
- **100 g Joghurt-Salat-Creme**
- **Salz, Pfeffer**
- **Worcestersauce**
- **1 Ciabatta-Brot**
- **6 EL Olivenöl**
- **10 kleine Salatblätter, z. B. Lollo Bionda**
- **Pul Biber (geschrotete Pfefferschoten)**

1 Eier pellen, halbieren und in kleine Stücke schneiden. Spargel und Champignons jeweils in einem Sieb abtropfen lassen. Spargel in etwa 2 cm lange Stücke schneiden. Champignons je nach Größe halbieren oder vierteln.

2 Spargel-, Campignon- und Eierstücke vorsichtig mit der Salatcreme vermischen, mit Salz, Pfeffer und Worcestersauce abschmecken. Eiersalat kühl stellen.

3 Ciabatta in 10 etwa 1 cm dicke Scheiben schneiden. Olivenöl in einer großen Pfanne erhitzen und die Ciabattascheiben darin von beiden Seiten knusprig braten. Ciabattascheiben etwas abkühlen lassen.

4 Salatblätter waschen, trockentupfen und jeweils 1 Salatblatt auf eine Ciabattascheibe legen. Darauf den Eiersalat verteilen. Die Schnittchen mit Pul Biber bestreut servieren.

Gerollte Käseschnittchen

(9 Stück – Käseschnittchen vom Titelfoto)

Zubereitungszeit: 15 Min.

Pro Stück:
E: 9 g, F: 11 g, Kh: 8 g, kJ: 694, kcal: 166

- **3 große längliche Pumpernickelscheiben**
- **100 g Kräuterfrischkäse**
- **einige küchenfertig vorbereitete Römersalatblätter**
- **10 Scheiben Butterkäse**
- **5 grüne gewaschene Weintrauben**
- **etwas Basilikumpesto**

1 Pumpernickelscheiben etwas dicker mit Frischkäse bestreichen und jede Scheibe in 3 gleichgroße Schnittchen schneiden.

2 Römersalatblätter in kleine Stücke zupfen und die Schnittchen am Rand damit belegen. Käsescheiben aufrollen, mittig auf die Schnittchen legen und etwas eindrücken. Weintrauben halbieren, die Schnittflächen mit etwas Frischkäse bestreichen. Die Schnittchen mit den Weintraubenhälften und etwas Basilikumpesto garnieren.

Tipp:
Die Käseröllchen mit den Weintrauben evtl. mit einem Holzspießchen feststecken.

GUT VORZUBEREITEN

Schnittchen mit Grünkernpaste

(10 Stück)
Zubereitungszeit: 80 Min., ohne Abkühlzeit

Pro Stück:
E: 7 g, F: 4 g, Kh: 33 g, kJ: 838, kcal: 200

- **200 g Grünkernkörner**
- **20 g gemischte Trockenpilze**
- **500 ml (1/2 l) Wasser**
- **1 Lorbeerblatt**
- **frisch gemahlener weißer Pfeffer**
- **1/2 TL Kräutersalz**
- **1 Zwiebel**
- **2 Nelken**
- **1/2 TL gerebelter Thymian**
- **3 EL Nussöl oder Traubenkernöl**

Nach Belieben zum Garnieren:

- **einige Kopfsalatblätter**
- **1/2 Salatgurke**
- **1 gelbe Paprikaschote**
- **1 Tomate**
- **einige Stängel glatte Petersilie**
- **1 Stängel Thymian**

- **10 Scheiben Vollkornbrot**

1 Grünkern mit Trockenpilzen, Wasser, Lorbeerblatt, Pfeffer und Kräutersalz in einen Topf geben.

2 Zwiebel abziehen, mit Nelken spicken und ebenfalls in den Topf geben. Die Zutaten zum Kochen bringen und zugedeckt unter gelegentlichem Rühren etwa 60 Minuten kochen lassen, bis der Grünkern weich ist.

3 Zwiebel und Lorbeerblatt entfernen. Übrige Zutaten mit Thymian, Nussöl oder Traubenkernöl im Mixer pürieren. Die Paste abkühlen lassen.

4 Zum Garnieren Salatblätter waschen und trockentupfen, evtl. in kleinere Stücke zupfen. Gurke abspülen, abtrocknen und das Ende abschneiden. Gurke in dünne Scheiben schneiden. Paprikaschote halbieren, entstielen, entkernen und die weißen Scheidewände entfernen. Die Schote waschen und in kleine Würfel schneiden.

5 Tomate waschen, abtrocknen und halbieren. Den Stängelansatz herausschneiden. Tomate in Scheiben schneiden. Kräuter abspülen und trockentupfen. Von der Petersilie die Blättchen von den Stängeln zupfen. Thymian in kleinere Stücke zupfen.

6 Schnittchen mit der Paste bestreichen und nach Belieben mit Salatblättern, Gurkenscheiben, Paprikawürfeln, Tomatenscheiben und Kräutern garnieren.

Tipp:
Schnittchen in kleinere Streifen schneiden.

Käse-Zucchini-Schnittchen

Zubereitungszeit: 25 Min., ohne Abkühlzeit

Pro Stück:
E: 7 g, F: 10 g, Kh: 11 g, kJ: 680, kcal: 163

- **1 Zucchini**
- **1–2 EL Olivenöl**
- **Salz**
- **frisch gemahlener Pfeffer**
- **10 Schnittlauchhalme**
- **1 Stängel glatte Petersilie**
- **1 kleines Vollkornbaguette**
- **2–3 EL Kräuter-Crème-fraîche**
- **5 Scheiben Höhlenkäse**
- **100 g Schafkäse am Stück**

1 Zucchini waschen, abtropfen lassen und die Enden abschneiden. Von der Zucchini längs 10 dünne Scheiben abschneiden. Öl in einer großen Pfanne erhitzen. Die Zucchinischeiben darin kurz von beiden Seiten anbraten, mit Salz und Pfeffer würzen und erkalten lassen.

2 Schnittlauch und Petersilie abspülen und trockentupfen. Petersilienblättchen vom Stängel zupfen und zum Garnieren beiseite legen. Baguette in 10 Scheiben schneiden und diese mit Kräuter-Crème-fraîche bestreichen. Jeweils eine Zucchinischeibe mit einer Käsescheibe belegen, von der schmalen Seite her aufrollen und mit einem Schnittlauchhalm zusammenbinden.

3 Schafkäse längs in 5 etwa 1 cm breite Streifen schneiden. Schafkäsestreifen in jeweils eine Zucchinischeibe einrollen und ebenfalls mit einem Schnittlauchhalm zusammenbinden. Käse-Zucchini-Röllchen auf die Schnittchen legen und mit Petersilienblättchen und Pfeffer bestreut servieren.

Alphabetisches Register

Themenregister

Schnittchen mit Fleisch & Wurst

Schnittchen mit Fisch & Meeresfrüchten

Vegetarische Schnittchen

In dieser Reihe sind bisher außerdem erschienen: *Party-Aufläufe, Party-Braten, Party-Dips, Party-Drinks, Party-Grillen, Party-Pasta, Party-Pizza, Party-Rouladen, Party-Salate, Party-Snacks, Party-Suppen, Schnelle Party-Rezepte, Party-Schnitzel, Party-Toast, Party-Gulasch* und *Party-Topf.* Sie erhalten diese Bücher im Buchhandel.

Umwelthinweis Dieses Buch und der Einband wurden auf chlorfrei gebleichtem Papier gedruckt. Die Einschrumpffolie – zum Schutz vor Verschmutzung – ist aus umweltfreundlichem und recyclingfähigem PE-Material.

Wenn Sie Anregungen, Vorschläge oder Fragen zu unseren Büchern haben, rufen Sie uns unter folgender Nummer an 0521 155-2580 oder 520645 oder schreiben Sie uns: Dr. Oetker Verlag KG, Am Bach 11, 33602 Bielefeld.

Bei den in diesem Buch verwendeten Rezeptnamen handelt es sich zum Teil um eingetragene Marken.

Copyright © 2004 by Dr. Oetker Verlag KG, Bielefeld

Redaktion Andrea Gloß

Titelfoto Thomas Diercks, Hamburg
Innenfotos Thomas Diercks, Hamburg (S. 4, 11, 29, 37, 57, 91)
Ulli Hartmann, Bielefeld (S. 13, 31, 39, 53, 59, 71, 83)
Hans-Joachim Schmidt, Hamburg (S. 51, 63, 87)
Axel Struwe, Bielefeld (S. 7, 9, 15, 17, 21, 23, 33, 35, 41–49, 55, 61, 65–69, 73–81, 85, 89, 93)
Norbert Toelle, Bielefeld (S. 27)

Rezeptentwicklung und -beratung Hans-Peter Huke, Bielefeld
Mechthild Plogmaker, Dr. Oetker Versuchsküche

Nährwertberechnungen Nutri Service, Hennef

Grafisches Konzept Björn Carstensen, Hamburg
Gestaltung M•D•H Haselhorst, Bielefeld
Titelgestaltung kontur:design, Bielefeld

Reproduktionen lithotronic media GmbH, Frankfurt a. Main
Satz JUNFERMANN Druck & Service, Paderborn
Druck und Bindung Mohn • Media Mohndruck GmbH, Gütersloh

Die Autoren haben dieses Buch nach bestem Wissen und Gewissen erarbeitet. Alle Rezepte, Tipps und Ratschläge sind mit Sorgfalt ausgewählt und geprüft. Eine Haftung des Verlages und seiner Beauftragten für alle erdenklichen Schäden an Personen, Sach- und Vermögensgegenständen ist ausgeschlossen.

Nachdruck, auch auszugsweise, nur mit ausdrücklicher Genehmigung und Quellenangabe gestattet.

ISBN 3–7670–0646–4